素质教育＋实践＋磨炼：辩证育儿树人五字歌

赵双锁 —— 著

光明日报出版社

图书在版编目（CIP）数据

素质教育+实践+磨炼：辩证育儿树人五字歌 ／ 赵双锁著 . -- 北京：光明日报出版社，2022. 10

ISBN 978 - 7 - 5194 - 6619 - 0

Ⅰ.①素… Ⅱ.①赵… Ⅲ.①素质教育 Ⅳ. ①G40-012

中国版本图书馆 CIP 数据核字（2022）第 092555 号

素质教育+实践+磨炼：辩证育儿树人五字歌
SUZHI JIAOYU+SHIJIAN+MOLIAN：BIANZHENG YUER SHUREN WUZIGE

著　者：赵双锁			
责任编辑：刘兴华		责任校对：张月月	
封面设计：中联华文		责任印制：曹　净	

出版发行：光明日报出版社

地　　址：北京市西城区永安路 106 号，100050

电　　话：010 - 63169890（咨询），010 - 63131930（邮购）

传　　真：010 - 63131930

网　　址：http：// book. gmw. cn

E - mail：gmrbcbs@ gmw. cn

法律顾问：北京市兰台律师事务所龚柳方律师

印　　刷：三河市华东印刷有限公司

装　　订：三河市华东印刷有限公司

本书如有破损、缺页、装订错误，请与本社联系调换，电话：010-63131930

开　　本：170mm×240mm

字　　数：107 千字　　　　　　　印　　张：10

版　　次：2022 年 10 月第 1 版　　　印　　次：2022 年 10 月第 1 次印刷

书　　号：ISBN 978 - 7 - 5194 - 6619 - 0

定　　价：68. 00 元

序　言

　　培养出高素质、高才能的劳动者或建设者，是每个人、每个家庭和国家的希望之所在。目标是明确的，但如何培养，才能实现？它涉及问题多，也很复杂，取得一致的观点绝非易事。一个基本事实是毋庸置疑的，即主导育儿基本思想和行动的多是中老年人，具体实践者多是孩子的父母和祖辈。

　　书名中两个"+"号是加上强调之意，"育儿树人"是一个四字新词，书中"两宝一规律"是育者应努力准备的育儿树人法宝，是个五字新词，实践中求掌握。"立德树人""十年树木，百年树人""活到老，学到老""大处着眼，小处着手""盖棺论定"都是祖先留下的至理名言。综合这些名言的意思，并将其与育儿结合，就形成了"育儿树人"这个词。这里"人"作为个体，先是父母之儿，长大进入社会拼搏时，就成为社会之人，但他们需要向社会学习的东西实在太多，将他们看作社会之儿更能提醒激发人，也更为合理。对社会之儿的教育应该是高校素质教育的结果的进一步发展、丰富和提高，是紧跟时代、努力创新、推动社会进步的社会教育和自主行为的结合，进一步强调了实践和磨炼，提高了知识层次，也强化了整个教育系统和社会的责任。可见，育儿树人为立德树人中的立德提供了有效实现途径和方法。育儿树人是关乎人一辈子的事，而育人树人却容易被人误认为仅是关乎成年或成家后的事，因此，作者在书名中不用"育人树人"一词。

作者通过高校教师从业经历和子孙成长的实践及对成长环境的分析，深知教育，特别是素质教育对个人、家庭以及国家发展和前途的极端重要性，也深知育者质量、指导思想、育人环境、教育方法和社会风气，对被育者的成长以及进入社会后的表现和终生对社会、家庭的贡献都有极大的影响。对这两段育人实践经历乃至对自己一生所积累的经验教训的反思和升华，以及社会在育人方面的现实，促使作者努力以马克思主义辩证法为指导，以最新的有关科学研究成果为依据，用五字歌的形式写出该书。

本书名可简述为辩证育儿树人歌或辩育歌，核心部分是辩证育儿树人。主要是为育者，也包括即将步入婚姻期的莘莘学子写的，因为他们是提高育儿质量的关键因素。当然，被培育的孩子也应当逐渐，直到完全明白、自觉、主动树立正确观点，指导自己的实践。从孩子出生到婴幼儿、学生期，以至于整个人生，本书均有涉及。本书所涉及都是与素质相关的问题，包括社会和大自然对人类要求的一些基本素质在内。

作者认为：素质教育+实践+磨炼，应是当今育儿树人的基本指导思想和方法。自婴儿诞生后的第一声啼哭起，就要用尽可能多的优质外界刺激（包括音乐、形象、语言、表情、语气和行为等）抚育婴儿，特别是以和颜悦色的表情和柔和的语气以及美妙动听的音乐迎接婴儿，使婴儿脑、心灵、思维和身体，迅速、全面而健康地发育成长。早期的优质外界刺激、良好的家庭示范教育以及入园后的教育密切配合，相互补充和渗透，使婴幼儿全面健康、机灵活泼地在玩中成长。经常性娇惯、迁就、威逼、棍棒等教育应予废止。听话教育原则上只适于入园前，入园后就要迅速向守规从理教育逐渐过渡。

　　本书分四篇：（一）婴幼篇、（二）学生篇、（三）拼搏篇、（四）附录篇。粗看起来，拼搏篇所述似乎已离开了育儿的范畴，但每个人在拼搏过程中仍然需要社会不断"育儿"，将其与自己的努力相结合，以逐步实现立德树人目标。听话教育简单，但易产生较大弊端，只要进入社会拼搏，就会发现其弊端的严重性。因此听话教育，只能作为守规从理教育的先行和辅助手段。在马克思主义辩证法指导下的示范激励与守规从理教育宜尽早开始，以逐步代替听话教育。步入社会拼搏后的读书学习，特别是读无字书，向社会、革命先烈、英雄模范人物、对社会进步有大贡献的伟人学习，向实践学习，向心目中向往的成功人士学习。所有这些并没有脱离教育。而且，将它们放在一起，前后比较，更能看出素质教育+实践+磨炼的极端重要性，家长们也会为改进这方面的工作提供更多积极的建议，并创造更好的条件。人们在社会拼搏实践中会真正体会和看到，拼搏的成绩和成功，抑或是失误，甚至失败，和婴幼儿期间以及在学校所接受的教育的综合质量紧密地联系在一起，因而会更加珍惜和重视推进孩子的全面优质的素质教育+实践+磨炼。可见，作为教育系统而言，将父母幼儿教育和社会幼儿教育截然分开是不适当的。况且，社会是拼搏实践的场所，也是教育质量的最权威测评地，一个成年人需要向社会学习的东西实在太多，将其看作社会的幼儿，逐步实现立德树人过程，是完全必要的。

既如此，写育儿方面的问题，涉及内容多、跨度长，观点也往往各有差异。而一个人的生平业绩和创新力大小既涉及婴幼期，也涉及学生期，更涉及拼搏期，如果三期同一类问题都各写一点，就有凌乱之感，也有难以避免的重复之虞。另一方面，"三岁看大，七岁看老"虽为民间广为流传的俗语，其真实性却为现代科学研究结果所证实。据此，为节约版面，人们又有理由把更多的笔墨放在婴幼期和学段关键期，特别是小学和初中关键期。因此，三期都涉及的一些内容本身就具有难以避免的前移倾向。这一现象在婴幼篇最多。对这一矛盾现象，我们力图适当处理。

前三篇是本书的核心。婴幼篇为在校学习，也为整个人生提供尽可能优质的基础条件及其实现方法建议；学生篇尽力提出了素质教育实现的方法建议，这些内容的实现为在社会成功打拼，提供了较为全面的素质和能力保证性基础。拼搏篇所述，实际上是在学校打下的基础的应用、延伸和深化，其内容对学校教育有重要的启发和促进作用。

为体现中国特色，书中有主张用"守规从理"教育尽早代替

"听话"教育，以及有关于家庭、德智体才践、党制监、中西医结合、做更大贡献的论述。作者以为，这并非多余，如能激发更多有关推进中国特色的正能量，作者备感心愉。

辅助篇的前部分所述，是为两岁左右能说会跑的婴幼儿，作为环境资源的补充可以选用的五字歌形式的材料。这部分材料均为婴儿所常见的或听到的喜欢触摸、玩的人和物，有的字笔画虽多，但实践告诉我们，只要大人有耐心，幼儿认识和区别它们绝非难事。后一部分很有趣，但也有难度，可供部分幼儿品味。当孩子对客观环境资源已不太满足时，该篇一些材料也可作为补充，也可选择网络给孩子提供的有关材料进行学习。只要不厌其烦，在主玩原则下，利用户外活动，上街转悠，商场购物，参观景点、画展，游览动植物园，以及接送孩子上下幼儿园等时间，寻找机会，充分利用这些资源，反复学习，必将为幼儿园和小学输送优质的新生。中学生和初入社会的拼搏者也将从本书中得到有益的启示。本书为本人专业之外的处子作，欢迎提出批评建议，在此先予以感谢。

目　录
CONTENTS

第1章 婴幼篇

——玩中育优基^(1.1)

§1.1 科学优育儿，需尊重规律，讲马辩法

婴儿一声啼　　离动入人间，

优质脑网络　　健美体质盼，

机灵人向往　　素质好更欢。

育儿是科学　　轻视必犯错，

婴儿育得棒　　家庭欢乐多，

爱耐童雄辩^(1.2)都要准备哦！

践行绩愈优　　收获会愈多，

但若任缺一　　麻烦摆不脱，

孩子毛病多　　一生没法说！

人的脑胞数　　生后不再增，
人皆差不多　　差主脑络功，
功能后天育　　欲强优刺重。

婴儿来世间　　就带双飞翼，
飞空敢会善　　全在大人育，
翼优飞技高　　才合大目标。

最可怕无知　　亲剪双飞翼，
混沌不反思　　反说孩子愚，
孩子常被训　　害怕常哭涕。

孩子育成优　　方法刚和柔，
刚铸山坚志　　柔育溪水流，
水绕山基转　　入海哪犯愁！

父母各主一　　刚柔配合稠，
弯路尽力避　　快步往前走，
孩子心里乐　　优来不用愁。

孩子来世初　　常以笑脸见，
勤逗孩子笑　　性格必乐观，
智力发育好　　机灵早展现。

儿女育成才　素质是根本，
素质出问题　家国必受损，
即使有点用　贡献与零近。

不管男和女　要求素质同，
差别非本质　皆因性别生，
不必过细计　过细无大用。

遗传与可塑　二者各有据，
强调可塑性　对育优更利，
学点马辩法^(1.3)　指导幼儿育。

根据马辩法　做事不极端，
极端反向变　结果会悲惨，
原本紧螺丝　过紧滑丝现。

过松无作用　过紧成废物，
二者结果同　表现差异多，
后者出大力　损失没法说。

本欲想快点　过快实变慢，
犹跑登高山　不支落后面，
实事求是宝　掌握导实践。

欲速则不达　　警惕急性病，
揠苗助长说　　大人应清醒，
慢病也不害　　过慢误一生。

父母过虎势　　孩子两极端，
要么太软弱　　要么怼着干，
自信和自尊　　缺失是根源。

高急经常汹^(1.4)　可得窝囊虫，
胆子没育大　　就被汹气冲，
性智畸状变^(1.5)　病态体质成。

也可得逆子　　和你怼着干，
如有此行为　　你能怎么办？
旦成两面人　　社会藏隐患！

关爱过欠缺　　感情很难有，
过度成溺爱　　能力就不够，
关爱不溺爱　　孩子才会优！

量变到质变　　辩证一规律，
不积跬步走　　哪有千里行？
怀胎不到期　　哪有健儿生！

红黑脸教育　　暂时或有效，
常用析后果　　负面问题多，
欺软怕硬人　　谁愿与之交！

大错抓紧改　　小错给过程，
成长中的错　　更要讲宽容，
缺错儿心明　　纠改会主动。

孩子始学话　　就要特注意，
欣赏赞扬语　　绝不能吝啬，
孩子微进步　　声色都舍得。

有舍才有得　　互动了不得，
互动能力强　　任鸟展翅飞，
有德也有才　　家国当宝贝。

人生漫漫路　　艰险岐陷阔，(1.6)
安抵寿终点　　贡献才会多，
娇生惯养术　　难保全程过。

成才靠教育　　教育有规律，
按照规律做　　会得优结果，
潜移默化理　　父母明心窝。

身教重言教　　两教都做好，
身教做示范　　学会效率高，
只说不示范　　儿怎能会做？

言教要孩懂　　明白才会做，
不知你说啥　　何谈能做好？
层层明道理　　逐步来提高！

未给孩示范　　主动先检讨，
身教周到做　　跟进快得多，
孩子进步快　　全家乐呵呵。

不怕没听懂　　就怕假装听，
不怕不会做　　就怕捆手脚，
不怕犯错误　　就怕大人错。

不会做才做　　错了更得做，
一旦学会做　　心里特快乐，
大人一鼓励　　敢做下一个。

学做该做事　　年龄掌握好，
过迟不可取　　过早也犯错，
但吃夹生饭　　吃了难补课。

对牛弹琴说　弹者应自省，
对孩子说话　情热语意明，
需时用童语　语力反会升！

孩子一犯错　就对孩子吼，
孩子胆子小　哭叫才舒服，
不愿听哭声　反思改粗鲁。

孩子有毛病　大人有根源，
虚心查自己　孩子不受冤，
心情一旦好　纠错不会慢。

大人和孩子　先后深思透，
孩子成优秀　都得先付出，
一方付出少　优字很难入。

育儿如育苗　润物细无声，
风大雨又急　必然出问题，
育儿规律多　勤思细琢磨。

身教重言教　耳濡目染好，
濡染情柔细　而绝非吼叫，
与践相融合　定会步步高。

空吼一大套　　孩子反吓倒，
重教忽视育　　质量反难高，
教会虽然好　　习品更重要。

育儿要树人　　树人是目标，
大处须着眼　　小处细抓好，
具有前瞻性　　育儿质量高。

育树相结合　　远近有目标，
长远要认准　　近处看清道，
行稳脚下路　　效果好得多。

社会变化快　　代代非今人，
要求会更高　　主动往前奔，
此征如明显　　时代能紧跟。

每个小孩子　　情况各不同，
他人之经验　　借鉴不搬用，
育优须勤读　　实事求是经。

两宝一规律^(1.7)　大人应学懂，
参考选优法^(1.8)　勤察孩子情，
紧抓关键点　　多促孩主动。

世间诸事物　　客普多联系,^(1.9)
体内诸矛盾　　斗争又统一,
斗争是绝对　　统由条件立。

矛盾统一体　　时处会不同,
永远在变化　　发展永不停,
有生必有死　　无死哪会生?

量变到质变　　否定之否定,
低级到高级　　原平到新平,
破浪式前进　　螺旋式上升。

否定质扬弃　　发展到永恒,
旧物一死亡　　新物就诞生,
量变常缓慢　　质变可突生。

统一讲底线　　斗讲艺术精,
矛盾有主次　　要能分得清,
事物主性质　　主矛主方定;

多矛盾交织　　主次矛盾清,
处理多矛盾　　抓主不放松,
矛盾两方面　　主次分轻重。

纲举目才张　　提纲又挈领，

万事不极端　　极端坏事情，

一分为二看　　合二而一验。

学会分析法　　践中求掌握，

驾驭辩证法　　难事终能做，

分合多鉴验　　论断终全面。

人初善恶争　　都是走极端，

人从动物来　　必有兽一面，

人近千万年　　人性必多传；

两面都可育　　终依育境变，

婴幼主由家　　成年主社担，

社会愈完善　　育人愈高端。

欲望登山顶　　下坡也会有，

较陡要费力　　过陡把你阻，

不怕累和险　　可望登山头。

爱耐童雄辩　　矛盾统一体，

辩字是统帅　　四心画朝晖，

六笔绘彩霞(1.10)　　绘出人世美。

渐行渐为之　　勤察孩子必，
孩子育得棒　　这才是目的，
为国育人才　　尽心又尽力。

§1.2　优质脑网络是人生最基本、最重要的资本，需从婴儿诞生开始抓起

脑细胞研究[(1.11)] 科学有依据，
生前裂脑胞　　岁前育脑络，
岁后也发育　　岁前是高潮。

一切优刺激　　都利脑络育，
岁前需抓紧　　岁后再高提，
抓到四岁满　　智力就达半！

孩子满八岁　　八成就实现，
其余有两成　　十七岁才完，
孩子脑络育　　紧抓有期限。

营养是条件　　够用重全面，
视听嗅味触　　优刺五觉繁，
优刺越充分　　五觉越锐敏。

孩子来世间　　声先能听见，

优乐熏陶先　　育脑抢时间，

保证婴睡眠　　喂奶不可贪！

不哭不给喂　　让儿好好睡，

硬要给儿喂　　对脑实不利，

喂奶饱为限　　太多伤优育。

贪吃很有害　　尤不利脑络，

辅食可以吃　　太多并不好，

婴儿可胖点　　过胖实糟糕。

胃中常多血　　脑中血就少，

血少营养缺　　脑络怎会好？

脑络发育差　　骏马当不了！

孩子诸能力　　各有佳育期，

此期旦有误　　后补收效低，

各位孩爸妈　　留心多注意！

大脑两半球　　各管人一半，

左脑管右侧　　右脑管左半，

左脑主语逻　　右脑主形感；(1.12)

左脑管逻辑　　写作和语言，
右脑管形象　　创新和情感，
促进右脑育　　左脑也发展。

记主靠右脑　　应速也较快，
开发右脑能　　左脑亦高抬，
左右脑协配　　创新基础来。

如何抱孩子　　最重利脑络，
最早须卧式　　后接爬肩抱，
孩子能坐稳　　面前坐怀好。

勤逗宝宝玩　　利智性乐观，
多对孩子说　　口才不会错，
多帮肢体动　　健康育神经。

多在室外转　　空气流通鲜，
能抱尽抱着　　频看好景点，[(1.13)]
声情并茂讲　　抑扬顿挫变。

借机日光浴　　促进体发育，
动景运目多　　鸟语花香乐，
树枝随风舞　　玩具唱儿歌；

多见幼同龄　　婴儿好心情，
广频激脑胞　　脑络发育好，
脸上表情多　　性格多活泼。

婴儿要多动　　爱动更聪明，
手脚空中舞　　转头寻源声，
多逗孩子笑　　多使左侧动。

满席翻滚爬　　哭啼叫几声，
系胸练着走　　爬着往前冲，
只要无隐患　　都是好事情。

颈肩臂手腿　　爬时活动多，
爬在周岁前　　更利脑络链，
缺失此阶段　　应该是遗憾。

触摸左半身　　帮动左手脚，
同用筷勺餐　　常听好音乐，
多讲童神话　　再加酱油醋；

多去游乐场　　游戏捉迷藏，
折纸多涂鸦　　拼图多画画，
积木游迷宫　　泥塑造物型；

歌舞勤手工　　双手都要动，
左右肩臂脚　　交替多劳作，
闭目脑随波　　听完遍游国。^(1.14)

出外带着走　　看着多描述，
多无语想象　　画后用语补，
长期坚持做　　脑络发育优。

双手吃饭法　　从小就抓起，
天天如此做　　定会收大益，
口章会多有　　灵感多蹦出。^(1.15)

每次睡觉前　　多唱催眠曲，
辞须易上口　　也要好韵律，
孩子喜欢听　　入睡就容易。

孩子睡得好　　智力才会高，
婴幼少年期　　特别必须保，
其他年龄段　　最好力做到。

三岁看电视　　应该被允许，
幼儿节目限　　这条易实现，
坐姿眼屏距　　关心多察看。

坐时和站时　　挺胸举肩平，
不可猫腰坐　　不可斜眼盯，
走路快如风　　不可慢腾腾。

整个学前期　　优境良刺激，
玩学体脑络　　结合好主意，
准时让孩睡　　睡醒就穿衣。

联动手脚趾　　说咏背诵玩，
督促孩子做　　有利脑络链，
做好当下事　　不做夹生饭。

只要有条件　　建议去实践，
笔者照述做　　支持所述点，
和婴互动早　　脑络育更好。

勤问多思考　　勤做强育脑，
碎时巧利用　　优脑健体保，^(1.16)
课间休息时　　组动确实好。^(1.17)

育脑有终站　　炼脑无总限，
抓好脑培育　　更抓右脑炼，
左右协配好　　再做脑区换。^(1.18)

用脑不过度　　脑子细保护，
人生一目标　　人老脑清楚，
如何实现它　　值得去探究。

§1.3　良好家庭氛围和正面示范教育是孩子健康成长的两个重要条件

家庭是气场　　育儿就靠气，
婴儿无辨力　　啥都去学习，
气场主特征　　孩心必留迹。

孩子来世初　　谦虚不自卑，
好听就喜欢　　看见就好奇，
反复记心里　　鼓励就尽力。

孩子喜模仿　　天生就这样，
耳闻目睹事　　对儿都影响，
优化内环境　　基础发育棒。

气场质量高　　人人都喜爱，
猫鼠之效应　　家人应明白，
当着孩子面　　吵摔最不该；

耳目污染重　　婴幼当然鼠，
岁月使发酵　　鼠威终会有，
与人常互怼　　人际难相处。

最怕几代传　　何时能止住？
信息社会里　　育儿尤重抚，
耳濡目染经　　重视不马虎。

大家齐动手　　竭力优气场，
语言动作情　　严己勤思量，
经常反思己　　做出好榜样。

大小一家亲　　平等讲互尊，[1.19]
长辈多关爱　　小辈会感恩，
与孩多互动　　造出好气氛。

对儿常汹急　　气场污染最，
心灵受伤害　　无助常哭涕，
心里常苦闷　　课堂怎专心？

高急经常汹　　常犯是大错，
高急情可谅　　常汹要不得，
孩子不成才　　大人责难脱！

礼貌育佳期　　会说话时好，
看脸喊称呼　　主动开口叫，
孩子见熟人　　示意点头笑。

环境资源丰　　勤用对儿育，
特别是汉字　　认读和释意，
笔画多不难　　孩子能辨异。

逛街去商场　　幼教机会多，
知规识社会　　多问为什么，
多提些问题　　启发孩子说。

诗词和成语　　能背就让背，
巧用机会练　　脱口而出会，
玩中勤释义　　多多益善魅。

适时定任务　　让其独立做，
增长点自信　　收获点快乐，
制造些机会　　控情高爬坡。[1.20]

孩子受夸奖　　父母须冷静，
过头话不说　　过谦也不妥，
如实说努力　　可望收正果。

整个幼儿期　好玩要为先，
歌舞学涂鸦　故事讲和编，
拼图捏泥巴　动手多实践。

经典故事多　大人酌情选，
增强针对性　也可据情编，
幼儿会加料　更要多称赞。

看图讲故事　能力渐高提，
故事要丰满　也要合逻辑，
叙述条理清　语言倡生动。

活动器械多　天天坚持玩，
心细胆大学　勇敢耐力练，
不怕疼累苦　友好学相处。

孩子有兴趣　大人紧随陪，
主为保安全　随时当教练，
寻机讲道理　指导互学习。

大人能保安　尽量让孩玩，
吊着云梯走　翻墙爬假山，
猴子惊捞月　滚筒转得欢；

攀登上天梯　　滑冰荡秋千，
老鹰抓小鸡　　孩子特喜欢，
只要有条件　　时处可以办。

玩中交友朋　　这是好事情，
交友范围广　　大好事一桩，
大小相互学　　进步快得多。

汉文背写用　　英语听读说，
玩具拆装修　　动手学操作，
平等当玩伴　　角色常互换。

自做生活事　　尽早让独立，
大人勤鼓励　　孩子多累积，
宁可站着看　　不需不帮必。

从做自己事　　到学做家务，
不同年龄段　　有不同要求，
孩子很自信　　大步趋成熟。

喜玩非缺点　　玩中脑体展，
贪玩不读书　　可能毁前途，
区别细斟酌　　界限分清楚。

孩子参与说　　大人应欢迎，
别吹毛求疵　　说理讲尊重，
鼓励改正错　　彻改夸奖乐。

孩子犯大错　　慎做苛责怪，
更不动武力　　巧言说危害，
孩子不再犯　　称赞不说坏。

是非大观念　　如此点滴积，
毫不经意间　　孩子知对错，
该做不该做　　自己渐把握。

栽己定树苗　　尤需勤培育，
冗枝及时理　　才能达心意，
社会需求多　　成才路宽阔。

孩子不会做　　耐心做示范，
不会做作业　　细心做给看，
多画图示意　　教孩抓关键。

孩子安全事　　比啥都重要，
多给孩子讲　　大家警惕高，
防止坏人骗　　不往区外跑。

最后一园期　　回家事三件，
孩子主安排　　作业自学玩，
大人渐放手　　培育好习惯。

孩子生活事　　渐由己做主，
如有欠妥处　　大人可帮助，
非原则问题　　应有灵活度。

孩子重物质　　教孩别过分，
精神要求高　　逐渐要做到，
大人要清醒　　娇惯害一生。

要求与实际　　差距常不小，
台阶要给够　　逐步来提高，
千万急不得　　越急越糟糕。

如何育孩子　　观点差异多，
及时多沟通　　背着孩子做，
儿前应一致　　否则犯大错。

智慧陪伴好　　智陪均做到，
智慧靠多学　　陪伴须辛劳，
父母眼界高　　孩优就会保！

§1.4　守规从理是社会对人的基本约束，教育宜从幼儿园中早期开始

学前好孩子　　听话做底线，
社会到现在　　应该有所变，
老师做坏事　　不能默不言。

领导有欠缺　　孩子也敢谈，
一味要听话　　优质教育难，
将来到社会　　怎能挑重担?

坚持听话育　　正好中奸计，
包容无底线　　一团搞和气，
只说已有话　　哪有创新气?

孩子说话顺　　即可讲道理，
始于浅显易^(1.21)　当下实际需，
巧语颐肢气^(1.22)　多法传信息。

听话讲道理　　前懂后常提，
道理经常说　　明白多受益，
听话是过渡　　从理是目的。

24

说理依理做　　紧抓要做到，
只说不去做　　素质差得多。
说做各一套　　尽快克服掉。

说理别空洞　　要有实际需，
两人对面撞　　是谁碰了谁？
各说各有理　　越想越有气！

游戏守规矩　　违规不算数，
纪律要遵守　　违纪吃苦头，
若干夸张例　　演后不糊涂。

守规成习惯　　需要常训练，
深入孩子心　　守法易实现，
讲理不动武　　假打可闹玩。

带孩过马路　　大事不马虎，
先要手拉手　　后练跟着走，
渐由孩子主　　学会自过路。

需要过马路　　安全斑马线，
要是无此路　　宜先路边站，
再左后看右　　安全才过路。

如在路上走　　后有鸣笛叫，

不能向前跑　　前跑躲不掉，

快往路边走　　危险立马除。

红灯不能闯　　绿灯才过路，

司机与行人　　都要严遵守，

否则会惹祸　　最惨把命丢。

龟兔竞赛跑　　慢赢快输了，

似怪实如此　　原因要找到，

乌龟坚持跑　　兔子傲睡觉。

凡事有因果　　清楚才叫好，

先因后有果　　不能搞颠倒，

有果必有因　　无因哪有果？

做事需借势　　有势易做好，

此话很深奥　　实践就明了，

站着来跳远　　助跑再来跳；

助跑愈加快　　远的就愈多，

原因在何处　　势在助你做，

谁也看不见　　但却存在哦！

身上带有势　　要分善和恶，
坏势不能带　　一定牢记着，
它使你变坏　　常常犯大错。

正确与错误　　争论常不休，
有人说正确　　有人说是错，
关键是利益　　代表谁来说。

社会运行序　　靠法纪维护，
遵纪守法律　　和谐共相处，
谁若要乱来　　严惩不马虎。

讲理得从理　　从理按理做，
只要守法纪　　不会有大错，
既讲又照做　　才是榜样哦！

说理分层次　　绝非整壶倒，
一次倒少许　　理解才算好，
语言若生动　　就会化为宝。

每个小朋友　　都有长短处，
虚心学人长　　就会变更棒，
因短长不学　　必然走下坡。

守规和从理　两大好习惯，
从小就培育　受益说不完，
正反两类例　应让孩知全。

孩子朋友多　应当是好事，
不往街上跑　不到家中去，
去家如必要　家长须同意。

培育好习惯　不能太着急，
着急难养成　会讨不乐意，
尝到甜头后　孩子会积极。

做事要适度　说话要温度，
离边界宜远　和谐共相处，
愈近效愈差　越界就犯法。

明白道理多　积极必升级，
主动自觉做　大人省心力，
孩子劲头足　骏马自奋蹄。

道理懂得多　了解社会早，
竞争能力强　失败次数少，
疑难设法除　歧险会绕道。

§1.5 紧抓孩子主动成才的主要内动源^(1.23)培育

——抓好内动源 骏马自奋蹄

§1.5.1 自信是孩子主动成才的第一内动源

包指检问放^(1.24) 各主时一段，
全包尽量短 适时往下传，
自信培养早 自理赢时间。

下传第一件 应选较容易，
孩子易成功 心里也得意，
大人一称赞 热度就上提。

孩子有成功 胆子就渐增，
胆子小渐大 两招就催生，
欣赏催主动 称赞促成功。

鼓励和表扬 育自信两宝，
经常适度做 自信会渐高，
名人榜样引 自信可早到。

胆大且自信　行动更积极，
主动求自做　大人应同意，
即使有不足　帮助别太急。

孩子成功了　心里更得意，
反复如此做　自信更高提，
逐渐变主动　自尊自爱继。

如果没做好　原因应搞清，
难点关键点　再示别批评，
孩子明一理　成功由败生。

由少到多扩　孩子自信多，
做事更主动　心里也快乐，
由简到难扩　勇气登上坡；

由简向繁扩　兴趣孕育着，
扩展进程中　思维能力升，
第一内动源　原因已说明。

我会我能干　常从儿口出，
如有此表现　大人别嘀咕，
鼓励到表彰　使孩更加优；

未到最高点　骄傲不会有，
即使到最高　还要再加油，
欲穷千里目　更上一层楼。

培育自信心　耐心很重要，
多讲些实例　榜样适多好，
千万别急躁　但躁自信跑。

大小成功者　自信都很高，
孩子缺自信　啥都难办到，
步步遇困难　畏缩不前跑。

孩子强自信　勇气不会缺，
困难吓不倒　品质多优越，
能力提高快　进步快得多。

由此可看出　自信特重要，
全面精培育　设法多渠道，
此点抓得好　就立大功劳。

入园前孩子　家庭全责任，
全力先抓脑　后主抓自信，
耐心别失误　失机特误人。

　　培育自信心　　得按规律来，
　　关爱过了头　　能力未跟进，
　　要求高又急　　常可丢自信。

　　孩子自信缺　　胆子必然小，
　　不敢往前冲　　能力也不高，
　　机会难等来　　来了抓不到。

　　孩子缺自信　　宜当大事看，
　　竞争很激烈　　竞力强者先，
　　找不到工作　　生活必困难。

　　要求过高急　　常受冷语击，
　　导致不合群　　自信程度低，
　　如有此结果　　孩子有何责？

§1.5.2　兴趣是孩子主动成才的第二内动源

　　经验告世者　　兴趣有大力，
　　如果有兴趣　　专注特容易，
　　精力会集中　　世俗也可弃。

许多大成果　　面世实不易，
就是凭兴趣　　坚持做到底，
终于得成功　　世人皆赞誉。

孩子有兴趣　　就会主动做，
努力去学习　　主动去探索，
深钻劲头足　　成果孕育着。

欣赏和夸奖　　鼓励和表扬，
能引出兴趣　　也促兴趣长，
兴趣逼不出　　越逼心越凉。

孩子知识少　　兴趣代价高，
确是无价宝　　不能细计较，
孩子前途损　　怎能补得了？

成果有大小　　不宜去计较，
相对有创新　　就要多加褒，
走进创新道　　这才是珍宝！

对啥有兴趣　　大人别在意，
只要社会需　　决权属自己！
符合此原则　　选择尽随意。

孩子无兴趣　　不要干着急，

硬逼孩子做　　实在有点愚，

设法育兴趣　　才是第一计；

强逼生厌恶　　更加不乐意，

兴趣生不出　　不满进心里，

名人榜样引　　已榜也尽力。[1.25]

兴趣生动力　　需要倍珍惜，

形成有过程　　主靠出成绩，

孩子成绩好　　兴趣自高提。

兴趣点生成　　客观需条件，

条件适度保　　兴趣会广泛，

孩子兴趣广　　竞争能力强。

趣度有高低　　质量有比较，

大人察帮引　　优师多指导，

只要有成绩　　浓趣就来到。

主动勤细察　　询问兴趣点，

据情提建议　　尽力创条件，

别轻信瞎吹　　警惕虚假骗。

发现兴趣点　　大人多鼓励，
尽力提帮助　　鼓励孩自飞，
和孩多通气　　及时供所需。

幼儿兴趣点　　可以多扩展，
兴趣点愈多　　知识愈全面，
脑络发育期　　适多别泛滥。

环境不允许　　趣点将受限，
多做点调研　　收集点意见，
多方细比较　　冷静不随便。

趣度与需度　　难度与条件，
当前与将来　　都得虑周全，
大人帮分析　　让孩做决断。

§1.5.3　意志是孩子主动成才的第三内动源

意志坚如钢　　能坚持到底，
会取得成功　　会赢得胜利，
会前进一步　　会创出新绩。

可见意志力　　绝不能小觑，
但要有条件　　目标是正义，
目标非正义　　走向反面去。

孩子有勇气　　确是大优点，
勇者抢先机　　竞争常占先，
坐失良机者　　与其不沾边。

先要有勇气　　后需意志坚，
勇气需磨炼　　不磨成长慢，
厄境不回避　　大步冲向前。

意志和坚持　　一对孪兄弟，
勇气创开端　　中间靠坚持，
遇到大困难　　灵机力克艰。

意志和灵机　　时刻不分离，
灵机发力后　　进展必来继，
坚持如此做　　成功必无疑！

意志忍耐力　　形影不分离，
忍耐如缺乏　　意志终虚化，
忍耐和坚持　　里表相统一。

36

培养意志力　须抓勇忍机,^(1.26)
三项抓得好　意志生大力,
年龄适当大　不可太着急。

忍耐力变强　应该有过程,
和身体有关　不可走极端,
父母细观察　及时纠偏差。

难于抵御事　方向须紧抓,
世间多诱惑　诈骗或藏着,
沉着虑进退　适度应斟酌。

把握大方向　意志生力量,
故事特别多　择机对孩讲,
平时不显眼　需时大用场。

意志要坚强　绝非倡蛮干,
有科学支撑　成功会实现,
时处讲谨慎　失误难出面。

志强促胆大　胆大抢先机,
竞争社会里　机会不宜失,
如能力支持　机会宜争得。

胆小变胆大　　激励是法宝，

难点大人包　　此法很糟糕，

分解困难度　　逐个去吃掉。

有的要鼓励　　有励就做好，

有的须保护　　有保勇自到，

孩子有进步　　夸奖不可少。

要求不实际　　武力紧相逼，

经常予训斥　　内心很自卑，

哪能生勇气　　意志何谈起？

父母管过严　　细节多有规，

少有灵和性　　矛盾易累积，

紧抓大原则　　遵则让孩飞！

我棒我能干　　自然好心态，

平常很自信　　胆大就易来，

干中多积累　　胆大必常态。

胆大必勇敢　　勇敢抢时间，

危急夺分秒　　成败一瞬间，

临危受命时　　英雄本色显。

偏固执孩子　　要多予分析，
凡目标正义　　就要多激励，
激励兼做纠　　明白是非理。

成长过程中　　舍得磨嘴皮，
反复多视角　　适度收大益，
需时才帮助　　孩子早自立。

§1.5.4　阅读和实践是孩子主动成才的第四内动源

阅读和实践　　都是索知线，
二者都重视　　收益大无边，
精神食粮足　　赛过活神仙。

书中趣事多　　多读眼界阔，
孩子成长快　　明白事理多，
思维得训练　　能辨对与错。

好书道理多　　经典智慧高，
书中有魔法　　也藏许多宝，
笔尖变文采　　口出悬河来。

多读点子稠　　多读多智谋，
多读出新奇　　多读辟新路，
多读生贤才　　走出新一代。

故事要多讲　　情声色兼顾，
育出兴趣来　　成功第一步，
孩子能加料　　读书时机熟。

诵念寓童故[(1.27)]指字读讲细，
孩子看着听　　就会有兴趣，
主动求人读　　好书求买急。

先和孩子约　　一起去买书，
究竟买啥书　　大人当参谋，
孩子做抉择　　买后计划读。

先给孩子念　　语速宜稍慢，
带着感情诵　　抑扬顿挫变，
孩子如喜欢　　再来读一遍。

重读再强调　　连读稍停断，
孩子喜欢了　　请求读新篇，
如此再这般　　兴趣必来见。

进入幼园后　　可读小人书，
学了拼音后　　拼音书续读，
再扩大范围　　选读按需求。

读书习惯育　　家须有环境，
家中环境差　　习惯难养成，
大人不专一　　孩子也仿行。

带着实问题　　书中去淘宝，
常会受启发　　找到想法苗，
继续深思索　　走出路一条。

孩子太贪玩　　读书不积极，
校园接替间　　尤要多注意，
大人须主动　　积极督带细。

为孩选书读　　孩子要喜欢，
语言要有趣　　内容也新鲜，
篇幅不宜长　　花费时间短。

满足孩龄需　　一定会喜欢，
选出好章节　　指定孩子看，
看后多互动　　收益必盎然。

爱读到会读　中间有过程，
不同类型书　读法会不同，
虚心多请教　读中摸索行；

好书多重读　重读收获丰，
每重读一次　收获会不同，
理解浅变深　对错偏全明；

观点有比较　论点有异同，
片面与全面　结合实际情，
读书重在用　不当啃书虫。

贪玩多聪明　此话有道理，
聪明不读书　缺少新动力，
碌碌不读书　常可毁前途。

书籍范围广　依需定书型，
有字无字书　都含在其中，
读书和使用　都做才完整。

园方有要求　大人多帮助，
一定程度上　打下点基础，
待到上学后　督促上正路。

孩子爱实践^(1.28)天生就这般，

到处听看摸　　孩子很喜欢，

新奇好玩具　　样样喜不厌；

特别是心爱　　睡觉放枕边，

运动场中器　　件件都想玩，

炼脑玩具类　　谁学都抢先。

由此可推知　　做好事两件：

玩具优开发　　办好幼儿园，

人人智显优　　其实并不难。

大人好教练　　孩子必重践，

实践冶真知　　实践获体验，

实践优化脑　　实践出才干。

孩子重实践　　确是大优点，

好习易养成　　成长快加鞭，

动手能力强　　创新易实现。

说到要做到　　做到特强调，

大小齐努力　　决心要做好，

大人带头做　　当是最重要。

四大内动源　　设法要抓好，
此处如有失　　骏马当不了，
缺少主动性　　怎自向前跑？

跑也跑不远　　困难会吓倒，
终生难有望　　自己也老了，
奉劝监护人　　育人多思考。

§1.6　培育出优秀孩子，需要好的培育方法
——首任老师位的父母应合格

培育好孩子　　不能全靠摸，
孩子误不起　　耽误后悔多，
不能搞折腾　　折腾威信没。

说做重当下　　着眼向未来，
当下有收获　　酵后收更多，
不想到未来　　树人瞎忙活。

说做都做到　　收获才会多，
只说不去做　　后果会特糟，
旦成两面人　　一生就毁掉。

先做优保姆　　再做好示范，
三能做教练　　也做监护员，
适时做到位　　孩子争拔尖。

父母严律己　　做给孩子看，
养成好习惯　　说难也不难，
细心多留意　　发展眼光辨。

家庭社细胞　　威信不能缺，
威信靠关爱　　也靠说和做，
爱心多付出　　示范严自我。

只要有可能　　玩时当玩伴，
不吃资格饭　　角色常互换，
孩子心里乐　　进步快得多。

对孩子说话　　语情速均重，
带着情感说　　速度要适中，
用词要明白　　才会乐意听。

温暖胜寒冷　　和风胜狂风，
示范胜说教　　柔声胜吼声，
细雨胜暴雨　　说理胜武功。

择时说道理　情景选对妥，
一说孩就懂　心里也快乐，
带着感情说　温情提效果。

不顾时情景　滔滔不绝说，
自己感觉累　孩子没收获，
只是装着听　不知说什么！

明明不可做　或者做法错，
孩子不听劝　硬要坚持做，
监护要当好　就请实践说！

板着脸说教　常有责骂声，
有时动手脚　好似练武功，
与孩常怒怼　儿心怦怦怦！

常年多积累　犹变DNA，
一代传一代　损失没法说，
如有此情生　错缺成罪过！

对儿搞差比　效果并不好，
经常这样搞　破罐破摔到，
此情旦出现　你能怎么办？

训斥变示范　　责骂变说理，
差比变树旗　　惩罚变激励，
实践比比看　　效果大差异。

物质奖励法　　须讲微轻重，
次序不可乱　　否则变无用，
重奖需有度　　超度下坡路。

个别到一般　　会有不清楚，
具体到抽象　　中间会有沟，
说理不训斥　　爱耐细心有。

孩子做得棒　　就要多褒奖，
孩子有进步　　就得把气鼓，
孩子劲头足　　天天都进步。

批评和表扬　　都不宜过头，
批评过了头　　自信悄溜走，
表扬过了头　　谦虚很难有。

进步多鼓励　　不足须指出，
多用二分法　　不出大偏差，
发育差异多　　攀比不宜做。

47

进步和不足　　最好一起说，
次序别颠倒　　否则差效果，
先把心预热　　自然效果好。

平时说话多　　上课专心听，
二者都具有　　才是好事情，
说话说得好　　步入社会早。

孩子有需求　　先看合理否，
即使不合理　　哭闹就满足，
这无异于说　　哭闹啥都有；

一旦成习惯　　毛病就养出，
如果可不买　　理由讲清楚，
孩子明白了　　埋怨不会有。

大人很勤快　　啥都替儿做，
表面很关爱　　其实犯大错，
能力未育出　　将来怎生活？

孩子大进步　　称赞鼓励主，
孩子做家劳　　可获劳报酬，
这钱如何花　　锻炼孩做主。

勤快持家俭　　培育人品端，
学会过日子　　育出满足感，
此路如何走　　还得多实践。

发现有问题　　自查纠宜早，
倾听多尊重　　平等多商讨，
坚持辩两点^(1.29)效果自会好。

不良防成习　　成习改正难，
犯错吸教训　　不可厉责严，
带情细说害　　改正会变快。

孩子做不好　　千万别替代，
可教孩重做　　细察因何在，
反复做示范　　做好定不难。

孩子不听话　　头脑须冷静，
搞清其原因　　小事多宽宏，
预后不太好　　童话故事找；

预后有危险　　考虑替代先，
孩子坚持做　　就请实践说，
防止出意外　　系个安全带。^(1.30)

49

孩子走极端　纠正须及时，
预后太危险　可护临境看，
再细说危害　不失一经验。

孩子犯大错　大人会生气，
气话糊涂话　难免说几句，
只要偶为之　就当打防疫。

和人有异议　提倡多沟通，
胆量口才练　逻辑思维升，
道理明仔细　是非渐分清。

善与儿沟通　万不语暴力，
和颜悦色问　彼此掏心窝，
诉求合理解　解困励志说。

孩子有进步　欣赏鼓气多，
再指出不足　来劲又登坡，
天天有进步　登顶有望哦！

孩子敏感期　细抓育树到，
多做优示范　耐心说理巧，
发酵收获丰　脑子易开窍！

孩子犯大错　　大人须冷静，
找出源头来　　耐心说危害，
坚决清源头　　让孩自己改！

孩子有微进　　及时畅心怀，
孩子心里乐　　改得会更快，
孩子彻改正　　说好不说坏。

孩子有逆反　　主体应高兴，
偶像每提升　　都是好事情，
其中欠妥处　　应使孩子明。

孩子叛逆帽　　千万别乱戴，
叛逆含大错　　不含叛何来，
孩子有话说　　鼓励倒出晒。

孩子特听话　　未必尽良善，
人云己亦云　　容易被人骗，
遇事多犹豫　　创业较困难。

强制与溺爱　　常常结苦果，
说理来挂帅　　就会反过来，
榜样加鼓气　　效果会满意。

调皮或顽皮　　表明智商好，

调皮不顽皮　　预期自可高，

孩子太顽皮　　激励是法宝。

孩子牛脾气　　不全是缺陷，

正面肯坚持　　确是大优点，

顽固坚持错　　也会害自我。

百对反义词　　最好要知道，

幼儿朦胧期　　说东他西闹，

对此别担心　　辩证会早到。

§1.7　好奇、想象、联想和灵感捕捉是孩子具有创新力的四要素

玩具魔法棒　　孩子特喜欢，

正是靠魔法　　什么都能变，

魔法特神奇　　梦想来心里。

孩子好奇心　　实在是一宝，

好奇推深思　　浮想联翩飘，

灵感扑进脑　　创新会来到；

好奇出兴趣　　内动力会高，
探索如探宝　　深思熟虑到，
或现新领域　　或立新功劳；

发现好奇心　　珍惜保护好，
丰富想象力　　更多联想到，
知识面愈宽　　灵感愈易找。

鸟儿都会飞　　人却做不到，
能飞确实好　　空中到处跑，
当时多荒唐　　今天多美妙。

想法很自然　　并非易想到，
有人图实现　　成败是功劳，
研究步步进　　今可太空跑。

此例很简单　　却能启发人，
奇想联灵捕^(1.31)的确很重要，
推动人深思　　走上创新道。

脑中信息少　　怎能多思考？
信息先入脑　　多察勤思到，
联想能力强　　奇想才出窍。

53

孩子观察力　尽早细培养，
棍子入水折　哈镜前变样，
一树阴阳面　差异好多项。

观察尚不够　再问为什么，
大人可回答　引导去思索，
一时难回答　留着待时说。

想象联想力　较思是前提，
特点异同处　尤须抓仔细，
多视角思考　想法易出脑。

孩子有想法　就要多鼓励，
别说很荒唐　也别瞧不起，
即使全谬误　也有称赞处。

社会自然物　书海人工雕，
均是信息源　多多入脑好，
信息多加工　细密虑周到。

为什么之问　信息细琢磨，
表明有爱好　或许在思考，
引导且称赞　交流育习惯。

海阔天空说　　孩子很得意，
大人耐心听　　显出有兴趣，
适时提问题　　引导去考虑。

芒刺能沾衣　　原因搞清楚，
由此生灵感　　发明新按扣，
用场步步扩　　今已好多处。

灵感捕捉力　　主是右脑功，
存储图像多　　加工对象丰，
逻辑又联想　　灵感易蹦出。

为什么之问　　常从儿口出，
引导尽解答　　这是好兆头，
深思穷追底　　创新才会有。

孩爱动手做　　实在应该褒，
为孩创条件　　代价不计较，
手脑好互动　　创新会来到。

创新需想象　　梦想催想象，
理想保梦想　　人为理想忙，
处处创新歌　　民富当国强。

学前六年间　玩中育优基，

道理懂得多　也能按理做，

动手能力强　兴趣爱好多；

独自购小物　学会看时间，

时间观念有　勤奋多自勉，

生活会自理　也有集体观；

说话有条理　游戏点子密，

五心积累多[1.32]　内动元素齐，

创新要素有　不愁无新绩。

第2章 学生篇

——德智体才践全面发展，是教育的基本指导思想

§2.1 顺势成才

一问自信度　　二看身体好，

三考思维捷　　四赏手工巧，

五听表述力　　六询友多少。

六条皆为优　　当是好苗苗，

老师精培育　　自己往前跑，

同学互帮赛　　成绩自会高。

孩子上学后　　当以学为主，

这一大转变　　应早讲清楚，

人生第一步　　犹如扣衣扣；

要是扣错了　　衣怎能穿好？
自己不舒服　　众人也暗笑，
前扣含义多　　大人多指导。

首扣特重要　　应该细扣好，
一旦扣错了　　后错率常高，
先抓好衣领　　问题自然少。

成才须顺势　　势强成才易，
顺势向前奔　　速度快得多，
素质代应试[2.1]　教育更科学。

应试看卷绩　　素质看业绩，
素质非基因　　不靠遗传得，
素质后天育　　基础竞争力。

谐竞非死活[2.2]　共赢是本质，
谐竞共赢观　　创新力实践，
你死我活废　　共赢达目的。

别输起跑线　　人生赢终点，
哪个更正确　　一目特了然，
记背欠思考　　高分低析辨。

考试成绩高　　当然也是好，
关键是两商(2.3)　情智都重要，
智仅指本人　　情关己别群；

智商仅脑力　　情商心加脑，(2.4)
智商诚可贵　　情商价更高，
困难逆境里　　情商更是宝。

综合素质高　　核心思品好，(2.5)
情智两商高　　素质高易保，
世间无难事　　高峰望攀到。

情商情感智　　可用智慧表，
德智体美劳　　智育释周到，
不仅育睿智　　还育智慧高。(2.6)

上课专心听　　心先要求到，
耳眼手口脑　　闻声准备好，
老师一开口　　耳眼紧跟跑；

耳朵听仔细　　眼睛急扫描，
思维官大脑　　听见忙思考，
需手口帮助　　令下立马好。

四兵一班长[(2.7)]　协调共运转，
德智体美践[(2.8)]　全面求发展，
奏蹈诵唱演[(2.9)]　个性充分显。

记学思说做　样样都发展，
记靠巧思做　学分喜会善，
思维讲逻辑　口说借手脸。

童心天真奇　抓紧爱学习，
少年无忧虑　理想须抓起，
青年踌志满　雄心谋发展。

肯学不深钻　原因可能多，
不会提问题　不会做比较，
不会找联系　或许心气傲。

不管啥原因　有象就注意，
原因抓紧找　也请朋友提，
养出好习惯　会有大收益。

家校气氛融　孩子逆反轻，
孩子有怪论　头脑须冷静，
社会有根源　一分为二看。

讨论和辩论　适时可进行，
对于育孩子　的确应推崇，
提高思辨力　做法乃上等！

洞察孩子情　提供显示台，
汇溪成小河　催生想法来，
形成集体势　促推进步快。

孩子有主见　这是一本领，
有人持异议　也可去沟通，
叛逆和主见　绝不能混同。

两点重点论　辩证又全面，
犯错和改正　需要综合看，
发展眼光辨　不会出大偏。

叛逆行为重　大人应自省，
打骂绝对化　诱因首位恐，
强力逼服从　不满心里生。

长年积累多　适境会发作，
又搞绝对化　分析能力差，
大人威信低　叛逆就会发。

儿童不是物　　亦非小大人，
师生好朋友　　人格同严尊，
师当大童人　　领生共进军。

人生价值观　　影响人一生，
为私或为公　　结果大不同，
穿衣扣扣论　　对此尤实用；

一旦时机到　　应该紧抓好，
各有关部门　　计划协同搞，
厚积集体势　　大家热情高。

从形成期始　　紧抓不放松，
误过形成期　　浊可染心灵，
清洗心灵难　　扭转需时间。

核心价值观^(2.10)二十四字言，
国集和个人　　各主八字专，
齐心力树建　　民心盼美满。

雄心源志气　　忠心源信念，
决心源勇气　　专心源喜欢，
爱心源人品　　虚心源自谦。

人若无志气　　人生乏动力，
人若无信念　　忠心从何谈？
没有自信心　　决心如云烟。

人小有大志　　才有大目标，
时处励自己　　加油往前跑，
主动查短缺　　时间惜分秒。

虚心向人学　　自己才富有，
乐意帮助人　　己也得帮助，
大家互帮学　　进步快得多。

谦虚心自空　　喜欢心门开，
二者都具有　　学识入心来，
人人重人品　　爱心必常在。

才学与智慧　　一担两头挑，
为民谋福祉　　应是大目标，
黑恶虎毒蝇　　都以害己终。

终生勤奋斗　　实现总目标，
不在职高低　　不在官大小，
人品口碑好　　为民立功高。

社会不安全　　自我强保护，

斗智虚拟炼　　也学护身术，

人稀地时段　　不要独自走；

异性慎独处　　分身有路走，

说做讲分寸　　千万别喝酒，

环境讲安全　　救命手机有；

发现有疑点　　巧思展计谋，

防止被识破　　也防下毒手，

脱险安全最　　轻重分清楚。

不巧遇险时　　生命最重要，

智慧以脱险　　难脱待机到，

寻机击要害　　乘势摆脱掉。

§2.2　人生目标正与竞争能力强是孩子成才的两大总内动力

人生目标正　　又善搞竞争，

方向路径对　　释力会大增，

骏马动力足　　奋力往前冲。

万马奔腾势　　看谁能夺魁，
夺魁非目的　　本领天天提，
竞争升能力　　勤学苦练需。

勤苦是付出　　能力是收入，
付出不到位　　能力不入骨！
不愿多付出　　长大吃苦头！

人生目标异　　三观可不一，
共逐中国梦　　这点是务必，
人人力践行　　圆梦就容易。

我为人人好　　人人为我好
此言无争论　　今践有意义，
未得先付出　　这是铁规律！

人都为人人　　他人也为我，
有人暗为己　　最终何结果？
有志年轻人　　细心多琢磨！

我如为人人　　人人自含我，
我在人人中　　自然得结果，
人人都为我^(2.11)　谁也办不到！

65

人人均为己^(2.12) 贫富两极端，

贪腐黑恶生 定有黑伞撑，

此路走不通 法规不留情。

学校和班级 竞争气氛浓，

互学互帮风 应该共其中，

这种氛围境 孩子乐融融。

竞争唯输赢 我们不向往，

竞争升能力 我们要提倡，

竞争都成才 才合大方向。

对于小学生 严学逐级升，

不搞冷语击 不搞瞎折腾，

偶然受惩处 不亏瞌睡虫。^(2.13)

木桶理论说^(2.14) 学生应明白，

桶内装水量 终由最短定，

时己何最短 心中要弄清。

采取措施补 竞力会大增，

自己常考虑 也听师友声，

找准己短板 尽补力提升！

教育和教学　　二者并不同，
前者主管软　　后者主管硬，
软硬都很强　　竞力可称雄。

听讲专注力　　先从兴趣生，
仅此还不够　　应升到理性，
理性认识明　　受益会无穷。

内动源皆空　　主动不会生，
在此情态下　　何谈积极性，
谈何竞争力　　说强出笑声！

世人评故人　　先看方向正，
后评功大小　　这由能力定，
方向和能力　　都保才可行。

人生目标正　　又善搞竞争，
成才动力足　　积极且主动，
诸项内动源　　释力促共赢。

提高竞争力　　得有好心情，
如何做说巧　　仔细想分明，
多讲点艺术　　促孩多主动。

让孩情绪高　　主动往前冲，
做到这一点　　绝非小事情，
大家多创造　　专家力提精！

失业生活困　　就业又累苦，
失意熬孤独　　失败也会有，
忍耐力培育　　早抓不马虎！

读书先为己　　动力就易出，
方向渐校正　　成才动力足，
终生爱读书　　不枉人间走。

约法三章好^(2.15)　一箭多雕高，
内容据情选　　民主共商讨，
大人勤反思　　孩优红旗飘；

约出热情来　　效果会更好，
互帮互动勤　　互相监督到，
反思早学会　　定会达目标。

§2.3 概念清，关系明，优综素，强践能，育健体，展个性

七岁上小学　　廿余入社会，(2.16)
那时社会需　　必须预考虑，
机器人时代　　竞争力何为？

到那个时代　　人工智能重，
概念关系清　　乃是基本功，
硬软二实力　　都强才可行。

自上小学后　　主学须勤抓，
进入二年级　　力抓主动需，
内容覆盖广　　难度也上去。

小学中年级　　学段黄金期，
培信关键期　　独思孕育期，
学习好习惯　　培育定型期；

人品好习惯(2.17)　培育最佳期，
情商多要素　　续入萌芽期，
家长与学校　　留心多联系。

家校对学生　　要求应严格，
育出好习惯　　才是最关键，
良习精培育　　不良须防微。

习惯有好坏　　萌芽鉴别细，
良习如存款　　存好多利息，
坏习高利贷　　还债拖垮你！

思想出行为　　行为出习惯，
习惯有好坏　　命运两重天，
养出好习惯　　鉴别细微间。

目的应明确　　心要搞热火，
措施好落实　　督查易操作，
家校勤沟通　　孩情据实说。

实践告人们　　成绩有粗规，
此段多高分　　以后高多必，
成绩旦重滑　　找因力改之。

作业查效率　　听课看效果，
预习与复习　　是否当天做？
时间紧抓否　　多少悄溜过？

先与从前比　进步就鼓励，
再与目标比　达标才可以，
又与优者比　努力赶上去。

分高固然好　好习更重要，
好习出成绩　终身受大益，
育出好习惯　优化早抓起。

时间抓不紧　它就悄溜走，
从不提醒你　让你多珍惜，
平等又吝啬　一秒不多给。

课前预习好　听课效率高，
当天复习完　记忆效果好，
作业不会做　据题复习到。

预复成习惯　能促成绩好，
作业一做完　自查校正确，
品习内动力　萌芽就注意；

抓紧强培育　能力快高提，
孩子做得好　就要多鼓励，
不要总担心　担心误时机！

孩子做作业　千万别打扰，
环境保安静　独立完成好，
尽量不求帮　学走探索道。

万一做不出　就记入本到，
在会做以前　有空就思考，
会做记解答　该题就划掉。

完成作业后　挤时广阅读，
多读丰见识　也能宽思路，
提高分辨力　写作也得助。

进入三年级　尚缺自控力，
又入少年期　强烈求独立，
如发现异常　相互勤通气。

约在三年级　认知情感蜕，
如何看待人　交往怎面对？
都在起变化　老师多留意。

三四年级始　学会提问题，
先行自问答　学况自己查，
结对互问答　促学好方法。

学习知识多　　须强记忆力，
强记非死记　　巧记好主意，
谐记规律记　　依托熟事忆。

联想记忆法(2.18)　应该大力荐，
须记尽量少　　强记关键点，
编出好故事　　联想带一片。

思维导图法　　尤须掌握住，
一旦入结构　　就连思维走，
画好网状图　　图导忆不丢。

三四年级中　　睡前过电影，(2.19)
师授知识点　　细心忆一遍，
如有不清楚　　抓紧把书看。

四下一学期　　个人有小结，
想想优缺点　　良习有哪些？
如有孬苗头　　就请好友督。

良习好学法　　应下苦功抓，
成绩上不去　　践行不到家，
有志好学生　　再苦累不怕。

期终做总结　分析归纳习，
总结渐学会　能力渐高提，
文字符号流　学做总结图。

考试成绩滑　丧气不能有，
试卷发下后　细找失分由，
虚心学人长　践行变优秀。

在十一二岁　青春叛逆期，
大人勤反思　忌唠别管细，
适当调分寸　励志让孩飞。

四下学期始　细心梳理己，
有多少优点　已经成好习？
哪些还欠缺　仍须再努力？

进入初中后　学科门类增，
知点间联系　渐呈系统性，
难度深广度　都在渐增中。

这种情况下　学压逐年加，
学生成绩况　渐显两极化，
成绩贡献率　综素渐变大。[2.20]

智力贡献率　势渐呈下滑，
高提综素力　强化实践法，
概念理论清　文笔口才抓。

健体须常炼　也育良习惯，
良习好又多　坚持到百年，
体健到天年　不使后人烦。

也要重读书　尽力汲营养，
营养好多全　才能发育棒，
读书有笔记　不当抄书匠。

金句警策句　应该记本上，
类型识别项　应该记入档，
方便查所记　编号自应当。

德智体才践　五能全面抓，(2.21)
德要挂起帅　践能促转化，
德智五能齐　未来众人夸。

好习多且优　成才机会多，
竞争能力强　条件多优越，
结出国世果　历史会记着。

青少苦累磨　　余年会幸福，
不知苦累味　　五能不盛出，
缺少竞争力　　生活穷酸苦！

进入高中后　　学压又加重，
五性难深广(2.22)又有新提升，
备战迎高考　　人生大事情。

挖潜提听效　　亦优学习法，
学习好习惯　　尽力再优化，
自信意志力　　尤须强化它。

一年力调适　　次年就变化，
综素高者升　　低者困难大，
细察已弱项　　尽力抓好它。

高中三年级　　高考备战期，
前期约半年　　学新与复习，
两仗都打好　　据情配精力。

按求梳所学　　总归知识流，
利用点和线(2.23)给出知联图，(2.24)
再补关键词　　优成联络图。(2.25)

点促概念清　　线促关系明，

复习当抓手　　依托抓要领，

一记几大串　　抓一带出万；

忆出图关系　　还须能推证，[(2.26)]

表述靠文功　　也靠关系明，

精选高考题　　思路首抓重。

榜上有名喜　　落榜路也有，

只要有志气　　社会大学收，

能吃千般苦　　成才必招手。

考分高是好　　能力更重要，

考分敲门砖　　能力定贡献，

它由综素出　　优化目标明。

进入高校后　　专业须学好，

学点辩证法　　三观校正确，[(2.27)]

促己能力高　　践磨更重要。

实践提硬功[(2.28)]　磨炼软功高，[(2.29)]

机会紧抓住　　敷衍实糟糕，

艰苦践磨勤　　贡献不会少。

大学毕业后　　可走三条道，

可就业创业　　也可再深造，

名牌学校选　　导师德才高。

择校选导师　　适己就是好。

名牌竞力强　　导己逐步高，

自己尽力攀　　目标会达到。

人生三学段　　初中更关键，

优习良综素　　志高学法善，

情智商基好　　成才路更宽！

§2.4　有了新理论和想法，要靠实践才能变成生产力

奇思妙构想　　让人生惊叹，

与践不结合　　意义难体现，

变成生产力　　才有大贡献。

人类数千年　　认识总结记，

社会和自然　　两大科学系，

向前推社会　　产力亦高提。

进入社会后　工作若明确，
扬弃故理论　创造新成果，
解决实问题　满足社会需。

新理遇实践　就受其检验，
果如所预料　理论一过检，
如有非所料　理论得修偏。

连续多过检　才能下断言，
多次修偏的　理论趋完善，
依赖因素多　须多次过检。

仅过检一次　别急下论断，
否则可出错　错了不好办，
历史有实据　绝非胡扯淡。

对社会有益　就要力变现，
宣传要有据　不可胡乱编，
天花乱坠吹　终究吃大亏。

彼时正确的　此时却未必，
客观条件变　结论亦会变，
及时与民通　免得遭民怨。

对于故理论　扬弃用新面，
用出新成果　就是新贡献，
新贡献多多　推动史轮转。

检验新思想　得有社会性，
点上出经验　理论须保证，
都具真实性　才有普适性！

要有担责人　没有虚假病，
面上推广时　结合本地情，
遍地开红花　思想得验证。

践行新思想　得抓关键点，
困难怎破解　如何去实现？
把握六七成　就可试着干！

想法中问题　践行可发现，
想法含技能　践行会弄清，
想法含新知　践行可使明。

说到要做到　做到才称赞，
说做大差距　人民会觉烦，
说做实相反　民心必疏远。

实践验真理　　能鉴真善美，
实践第一线　　权力最高巅，
我国政框架　　最善最安全。

人民国家主　　法制保大安，
实践显缺陷　　修改趋完善，
如此反复再　　共产目标现。

言行须一致　　一致真君子，
明神暗鬼者　　终如臭狗屎，
不管位多高　　曾经多神气。

要求别人做　　自己力做到，
对于这种人　　人民才说好，
说多做得差　　威信实不高。

做了承诺的　　应该讲实现，
情变难现的　　告知致歉言，
否则诚信失　　损失会更惨。

社会到今天　　重理又重践，
夸夸其谈者　　奉劝别做官，
说多干差者　　最好先锻炼。

为民服好务　　必须先付出，
先求己福者　　为民必口头，
一旦己得福　　就把百姓丢；

付出还不够　　信仰还须有，
信仰旦有误　　早晚堕深沟，
百年革命史　　表演很清楚。

§2.5　磨炼是成才的重要法宝

育人人为本　　目标是人才，
不养寄懒愚^(2.30)　也不养奴才，
人生所追求　　成才高境界。

世人成才史　　有切至之论，
成人不自在　　自在不成人，
自在即安逸　　成才磨炼勤。

不吃苦中苦　　哪有甜中甜？
此话很辩证　　而绝非戏言，
先要吃得苦　　才有甜果繁。

宁可少年苦　　不要老时难，
这虽经验说　　却真贴心言，
青年如有志　　迎战勇闯关。

主动找机会　　自觉去磨炼，
不经历风雨　　彩虹怎能见？
螺丝应上紧　　但不滑丝现。

庭院千里马　　花盆万年松，
从来就无缘　　千古真实情，
大人应知道　　孩子要想通。

成才路上走　　意志特重要，
各色各样魔　　挡你取经道，
意志坚如钢　　真经会取到。

意志如钢坚　　并非先天造，
砥砺才会生　　困败逆境高，
人生可贵处　　困败逆当宝。

困败逆全免　　实难办得到，
规律既如此　　来了就当宝，
关键在心态　　主动调整好。

孩子忍耐力　少时就培养，
饥渴疼累苦　热冷捧讽孤，
打击委屈诱　全能抵抗住。

年轻遇困逆　难得好时机，
主动去迎接　会有大出息，
困逆生智慧　收获会有期。

年轻图享受　诱骗实疯狂，
实为色情地　安全进出房，
有人日日肥　有人夜夜忙。

上当不自知　还说感觉良，
中年体老年　惨不忍睹状，
奉劝年轻人　风物放眼量。[(2.31)]

成才路上走　才智当重要，
才干火药抢　智慧火箭炮，
知识如缺乏　弓背软树条。

学习须刻苦　志向当高远，
素质当看重　分数宜冷看，[(2.32)]
方向须端正　能力要正限。

学习不刻苦　时间悄溜走，
知识难入心　生计也乏术，
中年方后悔　后悔泪空流！

知识非饰物　绝非让人看，
生出才和慧　才会有蜕变，
实践有显绩　人们才称赞。

生活要俭朴　浪费是罪恶，
享受自觉控　奢靡短寿多，
勤俭促长寿　大献心里乐。

由俭入奢易　由奢入俭难，
从小就培养　勤俭好习惯，
口袋钱过多　成才就变难。

经济条件好　宜当穷日过，
少时俭度日　长大本领多，
男女虽有异　本质却同啊！

凭借富条件　骄奢淫逸漫，
溺爱养逆子　家里宝贝蛋，
长大毁家业　社会藏隐患。

女孩富养论　　有待实践说，
富养自立难　　骄娇二气多，
生活要求高　　家庭矛盾多；

艰苦不习惯　　紧日不会过，
苦斗精神缺　　怨天尤人多，
家庭有变故　　日子苦难脱；

气色如已衰　　富家门难开，
走途路难寻　　日子更悲哀，
糊涂爹娘怨　　怨药无法解！

不断求进步　　思考常不断，
远近有目标　　努力去实现，
条件如何创　　是否须纠偏？

急国家所急　　满国家所需，
不怕失败多　　成功由败逼，
析出真因纠　　成功拥抱你。

奔波困逆境　　实在不容易，
马辩法预告　　大任会见你，
抓紧磨炼己　　别失好时机。

山前路没有　就待行人走，
拿出敢字来　智慧终会有，
知识才能胆　走出创新路。

§2.6　提高综合素质是学校教育的根本任务

小学打基础　各科都学好，
中学学通适　人生都需要，
高校学专业　专业人才帽。

竞争社会里　五要素应备，
德智体才践　缺一难发展，[（2.33）]
五类素质提　才是最关键。

质疑出真理　明确得快乐，
养成此习惯　一生收获多，
多问为什么　弄清心才搁。

社会多竞争　竞争当学会，
优胜不气傲　挫折不气馁，
胜败两可间　耐受力应备；

竞争有对手　对手好朋友，
比学赶帮超　共促素质高，
综合素质提　共赢达目标。

学习须刻苦　掌握很香甜，
不先付出苦　尝甜实无缘，
学习须趁早　愈大学愈难。

知识须消化　来龙去脉明，
举一能反三　触类可旁通，
穷尽诸联系　融会条理整；

抓住关键点　能把全貌展，
死记尽量少　巧记尽多含，
与践相结合　学通会不难。

学校课程多　学法须掌握，
老师明白讲　学生实践摸，
砍柴先磨刀　刀快砍得多。

他人提问题　自己能快答，
你问我对答　互帮好方法，
问题共探讨　相互能启发。

学生勤思考　　定能学得好，

问题找得多　　尽答促学好，

总结提炼勤　　厚书渐变薄。

基础要打牢　　知识面宜宽，

选修课可多　　要求不同线，

有的应学细　　有的抓要点。

理论很重要　　全来自实践，

实践又检验　　不断使完善，

学好理论课　　就为导实践。

分析和归纳　　二法都学会，

弄懂须分析　　归纳利记忆，

学会做总结　　精练条理叙。

分数测学况　　的确不可少，

考试成绩高　　当然应该褒，

于一般创新　　低分难做到；

于高端创新　　贡献实难高，

只为高分学　　实在是误导，

综合素质高　　才是大目标。

高考状元事　媒体别渲染，
状元与创新　基本不沾边，
高分定状元　难与创新联！

要求有质异　育法亦不同，
全世界比较　平心共探好，
践与捉灵感　当是最重要。

践中提问题　灵感源万物，
不竭灵感源　待人去捕捉，
捕捉能力差　不识擦肩过。

灵感捕捉好　需要多培养，
理论学扎实　实践途中搏，
眼观论六路　耳听八方说；

洞察思维力　联想与想象，
虚心和勤奋　有口皆称棒，
如此人才苗　推荐强培养。

有人读到博　有人到中技，
后者缺理论　践多不自卑，
如果能力强　据需再学习。

目标很明确　学有足动力，
针对性也强　结合实际易，
灵感捕捉快　创新多出绩！

人生有节点　难免很生气，
情绪旦失控　事后特懊悔，
提高情控力　平时多注意。

如觉有不妙　借故暂时离，
巧急转话题　也是好主意，
多往好处想　对控也有利。

生财应有道　不违德法规，
得意不忘形　失意理不亏，
做好当下事　放眼谋长策。

愚公要移山　心诚意志坚，
为民感上帝　愿望终实现，
事半功欲倍　才干加智慧。

聪明争一事　智慧虑全局，
聪明重外在　智慧图实质，
聪明抓眼前　智慧谋高远；

聪明常呈强 智慧肯示弱,
聪明谋自富 智慧谋民乐,
聪明谋人气 智慧人心多。

实践生智慧 智慧生思想,
思想出行动 行动受法量,
法条虽在变 万变不离纲。

魔法和智慧 具有异同性,
前者是虚幻 后者讲实现,
二者共同点 都是说改变。

魔法促智慧 这是一规律,
古人讲魔法 后人实现它,
嫦娥奔月虚 今天人能去。

虚心促进步 骄傲必落后,
处世须诚信 诚信万民护,
遇事建言多 遇难常得助。

孩子自己事 自己应做主,
大人要关心 主动当参谋,
观点不一致 商讨多交流。

千错可以有　　一错不能出，

前者是枝节　　特别易克服，

后者是主干　　干错翻深沟！

偶发不测事　　互相别埋怨，

坐下细深思　　找到总根源，

如何防止再　　才是最关键。

综合素质高　　受用会终生，

方向能看准　　进程能推动，

德智才干齐　　不愁事不成。

终生有目标　　路走在当下，

近处察逼近　　远处是终生，

波浪式前进　　螺旋式上升。

§2.7　综合素质高与终生爱读书

宇宙天地说　　万物演化观，

千年厚重史　　科技累积卷，

适做核指的[(2.34)] 只是一点点。

敢用此点点　　星火可燎原，
用活此点点　　旧貌换新颜，
扩充此点点　　能推史轮转。

创新一点点　　带动一大片，
人积一点点　　推进世界变，
综合素质高　　可望能实现。

书海大无边　　据趣志需选，
多听先辈评　　也请能者荐，
读书勤为径　　苦读生时间；

轻重与缓急　　需用与消遣，
有的反复读　　有的仅浏览，
重点琢磨透　　精华尽吸全；

有字无字书　　二者不可偏，
有字书易找　　无字书很难，
傲气不虔诚　　终生难觅见；

有字书主史　　无字书主现，
二者皆须读　　智慧愈丰满，
无字书藏宝　　志者最喜欢；

无字书很多　街头地边谈，
奇事口议多　实际经教传，
内传秘稽奇　谋生创新选。

要读无字书　虚心恭敬先，
对象题目选　如何问也掂，
要点须记好　良莠要分辨。

只要多留心　时处有学问，
社会自然界　变化不停顿，
情故要通达　读懂须勤奋。

读书如爬梯(2.35)多读明鉴力，
多读冶情操　多读醒自己，
多读明事理　精神能富裕。

知识是力量　掌握才吸收，
成为成才素　能力才生出，
实践能说明　人们才佩服。

有人心气傲　总觉啥都懂，
别人虽荐读　自己扔案头，
一碰到实际　立马犯糊涂！

有人总怀疑　　别人心不良，
事物总两面　　主次定恰当，
前后重实表　　不可乱臆想。

好书读愈多　　眼界愈高远，
观察愈细密　　思考愈周全，
时机能把握　　辩证谋发展。

书中虽多宝　　杂物也含着，
所说有真假　　观点有对错，
识别真善美　　脑子勤思索。

鉴别敢怀疑　　选择书籍看，
提出己想法　　形成己观点，
经得起检验　　就会史流传。

终生爱读书　　难能且可贵，
才华能拓宽　　智慧可积累，
知识更新快　　主事常有魅！

进入新时代　　供需大提高，
物质精神需　　相互协调好，
自己综素高　　贡献不会少。

挚友聚相谈　　共话说不完，
与书常为伴　　绝无孤独感，
悟出新道道　　交流趣盎然。

终生爱读书　　一生综素高，
长期弃书读　　素质高难保，
时代要紧跟　　勤读是法宝。

第3章　拼搏篇

——人生百味箱 一分为二看 驾驭辩证法 难事变不难

§3.1　搞好家庭建设，应重精神文明

人际关系中　男女较难处，

奉劝懵懂人　清醒每一步，

不做悔心事　后悔无药服。

男女第一次　最好结婚夜，[(3.1)]

关键在女子　谨慎意坚决，

一旦门户开　麻烦不断来。

性格有刚柔　气质别万千，

夫妇主刚柔　家和多美满，

刚柔内外主　好处说不完。

刚柔虽先天　　后天可磨炼，
外柔内刚女　　内柔外刚男，
家熏本人修　　目标会实现。

气质能互容　　家谐最低线，
人品价值观　　了解心坦然，
嘴说仅参考　　重在看实践。

家庭要稳定　　这是首要素，
婚前想清楚　　基础牢固否？
不幸闹离婚　　孩子悲前途！

家庭奔幸福　　二人心要齐，
家和万事兴　　牢记不可违，
二人常沟通　　商量办事情。

郎才女貌说　　不可走极端，
极端吃苦头　　后悔时已晚，
情投意合好　　相守到百年。

经济条件好　　重视没有错，
但若轻人品　　后果常会糟，
不幸若到来　　就得吃苦果。

性格有不同　　能磨合就好，
三观有差异　　修养够就好，
有这些条件　　幸福有望保！

结合成家庭　　爱情是基础，
两强相结合　　尊谅携双手，
强弱互补型　　关爱每一步。

仅爱当不够　　责任义务补，
二者如欠缺　　幸福难持久，
年轻易冲动　　离婚慎出口。

婚前多看缺　　婚后多看优，
此话很正确　　常可促幸福，
子女能育棒　　终生少有愁。

究竟何为家　　温馨共建园，
心灵同归处　　拼搏加油站，
相濡以沫地　　风雨一把伞。

家庭重和谐　　男女讲平等，
更重互尊忠　　敬老爱幼统，
男女方亲朋　　一碗水端平。

恩爱暖家庭　　忠孝延血统，
家谐兴万事　　社会也安定，
国家发展快　　人民乐融融。

家庭社细胞　　治国须治家，
某权旦腐败　　常常涉数家，
熟人社会网　　阴面得清呀！

治家用家规　　立家就该有，
婚前共商处　　关键写清楚，
政府提要求　　违规自批纠。

当前社会中　　财色多诱惑，
夫妻猜疑多　　男女小三乐，
一旦家崩溃　　孩子活受罪。

越轨与出墙　　常在一念间，
社会矛盾多　　网络挑逗繁，
离婚门槛低　　力整别迟延。

人从动物来　　仅人有婚证，
性属于婚姻　　进化应肯定，
生育乱了套　　民族怎保证？

夫妻要互忠　　有利社稳定，
有利国家强　　有利民族兴，
只讲己感官　　害己害后生。

国家搞法治　　治家有家规，
家规可尝试　　两制两不违，^(3.2)
实践中如何　　边践边评说。

结婚几大件　　件件有人问，
唯独治好家　　难有人问津，
政府应该管　　婚法一部分！

生活要勤俭　　浪费是罪恶，
勤俭可养德　　奢靡短寿多，
人生百十年　　贡献是收获。

来世两手空　　离世空两手，
如果有贡献　　不枉人间走，
若多人怀念　　更上一层楼。

离婚要分手　　冷静期应有，
坚持要离婚　　写好协议书，
调节若无果　　只好走法庭。

小三过错方　　应该有赔偿，
财产怎分割　　应该说清楚，
有关孩子事　　更应细判有。

家庭生矛盾　　谅让是良药，
小吵利沟通　　频率强度控，
吵后即冲零　　要比谁主动！

多想己不足　　多看对方好，
回忆恋爱期　　气恨立马消，
父母别掺和　　掺和薪救火。

家庭是爱巢　　夫妻是主角，
成员都有责　　把它营造好，
主角有欠缺　　成员热帮到。

世间人最宝　　计划生育好，
口脑手都看　　优生优育保，
两孩为常态　　不多也不少。

家为国育儿[(3.3)]　德主社会包，
家社协配好　　德智体才高，
人才尽辈出　　世首快车道。

生育率重滑　　高房价罪魁，
难题不彻解　　社会怎会继？
爷奶迎三孙　　才合基本律！

中年拼贡献　　爷奶把孙看，
经教知识丰　　育孙质高现，
生育定时间　　三代同堂赞。

老中两代间　　难免有分歧，
商讨勤沟通　　这是正主意，
孩前别冲突　　说做都努力。

红心育树抓　　穷孩早当家，^(3.4)
富尤重践磨　　砥砺磨炼夸，
强育内动力　　抓机科学化。

家庭盼幸福　　社会盼发展，
家庭社细胞　　社谐家美满，
家国互里表　　强国富家保！

§3.2 谦虚、谨慎、"肯登攀"，是进入拼搏场的三大宝

社会大舞台　　人人都表演，
脑波各色味　　颐声都光鲜，
言行与里表　　综合考察看。

初次入社会　　尤须谦慎肯，
谦虚众人喜　　慎肯才干隐，
心细又肯干　　就业不会难。

拼搏这场戏　　素质是导演，
综合素质高　　戏就耐人看，
成功须力拼　　智慧解忧困。

职场即拼场　　双向选择得，
气场满意否　　满意才进去，
甲乙两方求　　项项明仔细。

如需先体验　　要求可降低，
目的要达到　　这点是务必，
目的明且细　　个人应努力。

情况如不明　　调查多研究，
去读无字书　　诚心求帮助，
虚心去学习　　收获定会有。

不管啥情况　　劳动最光荣，
先得有饭吃　　逐步做调整，
轻看起跑线　　重后力奔腾。

学校和社会　　毕竟不一样，
学校重理想　　社会大染缸，
脚踩大染缸　　奔向高理想；

难免身溅泥　　眼睛却亮堂，
缺德违法事　　一概不干帮，
尔虞我诈术　　绝不谋一桩。

为人讲信用　　假话绝不讲，
偶尔说假话　　心地须善良，
真话想着说　　不要太莽撞。

自己严律己　　亏心事不做，
但须有警惕　　谨防诱骗恶，
自己绝不做　　心眼多几个。

拼搏路线图　　最短直线路，
试问成功人　　弯路谁未走？
弯路作财富　　借它上正路。

世上无难事　　只要肯登攀，
话中无字现　　肯攀是条件，
世间难办事　　几乎全这般。

本有却变无　　条件深思透，
虚谨敢字况　　伙伴与对手，
发展与风险　　都得分析透；

人心领头羊　　现状与前途，
所有诸矛盾　　都得细考究，
欲变更有利　　策略恰当否？

实践有成败　　成败由谁评？
利益观点异　　说法会纷争，
讨论多协商　　跳槽讲慎重。

成功当然好　　失败更当宝，
一旦遭失败　　尤须冷静脑，
据事想实情　　细心得经教！

107

同事多交流　诚心共探讨，
找出真原因　成功会来到，
临危受任命　能接不推好。

成功与失败　终据实情判，
辨清重关键　不可枝节缠，
犯错重纠偏　纠偏正航船！

正确与错误　实践说了算，
失败不推诿　责任敢承担，
成功功不抢　功劳众分享。

抢功推责任　最终没好评，
这是辩证律　谁逃都不行，
自己什么脸　众人看得清。

成败内外因　仔细须分辨，
践前想清楚　慎重做决断，
内因是根据　外因是条件；

内无成功据　不会有成功，
内有外可创　大功终会成，
内有外亦有　水到渠自生。

内因变外控　　外控促内变，
此法应用繁　　应该擦亮眼，
警觉不上当　　上当后悔晚！

条件无法变　　就得变自己，
不背大目标　　不违德法规，
发挥己内能　　天高任腾飞。

拉车须看路　　不看有危险，
拉到邪路上　　就会遇麻烦，
拉到绝路上　　全军覆没惨！

扬弃厚黑学　　谐竞促共赢，^(3.5)
谐竞聚财富　　谐竞提文明，
法制渐全严　　当保方向正！

竞争讲死活　　就是厚黑学，
和谐又竞争　　这是新本领，
践中做扬弃　　国人齐发动！

§3.3　实践中适时巧用各种软实力，创造条件，争取成功

成功和失败　　历史已记录，
经验与教训　　总结心中留，
骄馁不该有　　重新再起步。

有人贪腐忙　　设计挖陷阱，
有人虚假骗　　谋财马屁精，
走上这种道　　必以害己终。

不管成败否　　新路正道走，
经教细琢磨　　牢记在心头，
尾巴要夹紧　　高朋共探寻。

失败不可怕　　可怕丧气包，
志气不丧失　　真因会找到，
认真吸教训　　成功必来到。

职场需朋友　　友多路好走，
修养境界高　　友多自会有，
酒肉朋友多　　急需无援手。

遇烦贵冷静　　多多反思好，
埋怨不可取　　自身须细找，
惯思可出错^(3.6)　辩证思维好。

经常做反思　　主要靠自己，
自己不主动　　很难有出息，
反思重在己　　对人重醒提。

反思须心静　　细心想周到，
众人埋怨少　　威信反而高，
责任推别人　　越推越糟糕。

原因推客观　　看似很巧妙，
这无异于说　　决策者全包，
此法特简单　　后果常不好。

自己是鲜花　　也要绿叶扶，
如果无绿叶　　鲜花怎会有？
己是鲜花否　　自定不算数。

自己有功劳　　众人很清楚，
不要急于争　　急争反丢丑，
荣誉众分享　　才能走正路。

能力有优势　充分发挥好，
社会有背景　当作机密保，
千万别倚仗　倚仗终糟糕。

自己很努力　事却没做好，
不急怨他人　问题自身找，
如此成习惯　一生少烦恼。

自己胜自己　实现不容易，
虚心听人劝　正确评自己，
善补己不足　更重软实力。

时过境已迁　与时俱进好，
不说过头话　留有余地好，
做事不极端　分寸把握好。

批评与自批　双向净化器，
自己常洗澡　也帮他人洗，
自洗可用力　帮人讲适宜。

双向净化器　有人已抛弃，
是宝还是棍　全靠用者意，
不用有危险　时间会宣判。

反思较双批　已少一动力，
自己不反思　他人干着急，
待到严重时　后悔时已迟！

缺点须指出　犯错应帮助，
批评须善意　友谊更巩固，
耐心听人劝　虚心责己严。

有错就承认　有责敢担当，
世间无完人　完人靠包装，
认错敢担当　路子会宽广。

人己可否比　关键在自己，
对比出差距　设法赶上去，
对比出怨气　害己伤身体。

严己宽待人　待人心要善，
宽结严合好　团结一大片！
宽严法为限　不可走极端。

本末别颠倒　黑白须分明，
是非和主次　也要分得清，
言行与里表　一致才最好。

总体与个别 　全局与局部，

眼前与长远 　主流与支流，

只要心气正 　不难分清楚。

有人重面子 　又易走极端，

极端易被用 　上当又受骗，

事后方醒悟 　学费已缴晚。

不搞绝对化 　一分为二好，

慎做一刀切 　实事求是好，

使用双刃剑 　适度把握好。

坚定不固执 　执着不死板，

灵活不乱来 　沉着不寡断，

谦虚又善谋 　谨慎又勇敢。

喜听奉承话 　人性一弱点，

手中握权者 　警惕有危险，

采取措施防 　免得惹麻烦。

人生一辈子 　时处讲三度，(3.7)

说做讲角度 　也要讲适度，

人与人之间 　说话讲温度。

人生七段走^(3.8) 轻易不回头，
第七被推着　　争取能自走，
如此人生路　　众人会拍手。

思想要先行　　做事须强调，
核创领世界　　他人不依靠，^(3.9)
做人践中显　　位重标愈高。

百年近代史　　教训实不少，
教人学圆滑　　真理怎得到？
武大郎文化　　弃之凝聚保！

敢为天下先　　国人齐奋斗，
多种共同体　　建成滚雪球，
雪球渐变大　　终能成气候。

世首共赢路　　特色保旗走，
富强且世首　　无国敢欺侮，
世首不称霸　　共富同携手。

登上拼搏台　　体中一成员，
与体同荣衰　　道理很明显，
人均有钻石　　开发促体展。^(3.10)

开发主靠己　　互帮绩更佳，

开发愈充分　　贡献就愈大，

为体也为己　　更为大中华。

公司和员工　　矛盾统一体，

权方和员方　　矛统两方面，

主方和次方　　矛盾自析看。

公司种类多　　矛盾质差大，

国际和国内　　公私混合夹，

选择适己好　　前行少泥巴。

国内公司人　　都望能发展，

要求虽有异　　但主统一面，

携手共奋斗　　目标会实现。

做好本分事　　还要互携手，

竞争要讲够　　公平不能丢，

权力要尊重　　监督须做足。

相互协配好　　公司才有盼，

岗情多差异　　能力别万千，

机会难平等　　竞力强者先。

116

体内强凝聚　　齐心献计谋，
换位思风浓　　民监能做通，
体内一家亲　　谁愿离家奔。

平和淡定心　　确实很重要，
考虑能周到　　做事不急躁，
站高看长远　　效果自然好。

扬弃厚黑学　　谐竞创新篇，
核心价值观　　人人力实践，
从理守法规　　良心不能骗。

竞争须讲够　　摒弃死活观，
携手同富路　　共谋奔共产，
践中众人写　　宏著定出现。

§3.4　大力发展中医，走中西医结合之路，促锻炼，促健康，促长寿，争取做到"健康到天年　离世一瞬间"

世间有中医　　全球珍宝级，
断病靠辨证　　治病虑整体，
全身一盘棋　　祛邪扶正气；

内病外治妙　　未病先治高，
多病巧共治　　一病多治好，
治标又治本　　虽慢效果好。

药到病就好　　药去复又到，
治病有此情　　患者很烦恼，
病好不反弹　　如此才叫好。

如需动手术　　慎除并慎入，
器官都有用　　切除不再复，
体内用异物　　须保谐相约。

医药医疗学　　祛病是目标，
西医是靶学　　瞄靶选用药，
中医根治源　　源清病自好。

病好重犯否　　西医难思考，
危急先西医　　治本中医高，
重杂难怪症　　结合路更阔。

和死神抢命　　中医有妙招，
德高上医选　　完全可依靠，
先控别发展　　生命可望保。

再选中西医　　优势发挥好，
病体恢复快　　康复早来报，
中西结合路　　康复光明道。

经络穴位学　　中医闪光点，
实践虽证实　　理论须完善，
中医药剂学　　有待更科学。

有病请医看　　无病重锻炼，
中西医结合　　疗效会大变，
各有长短处　　扬长避短善。

药剂开出后　　得问关键处，
拆东补西剂　　尤须问清楚，
虚心向医学　　有病渐能主。

人都有情欲　　关键在有度，
过度即是毒　　应该牢记住，
适度把握好　　极端不能走。

有病请医看　　当然没有错，
全面做反思　　方是最妙招，

找到病何来　　源头解决好。

生命在运动　　运动讲科学，
因人体况异　　氧动为首推，
目标是康寿　　亦重贡献绩。

康寿到天年　　应该能实现，
五脏六腑健　　这是最关键，
营养不在多　　供需平衡全。

过度失衡毒　　定会生麻烦，
劳逸结合好　　静动不可偏，
饮食环卫气　　国家保大安。

养生重养心　　心态平衡先，
结果欠己意　　尽力就安然，
知足常乐好　　赛过活神仙。

人生不意事　　过后不纠结，
不用他人失　　无声罚自己，
总结得经教　　继续往前飞。

顺其自然好　　并非不作为，

自己要争取　　以获最佳绩，
争取非乱来　　科学辨是非。

生活有规律　　有度定动静，
平常多喝水　　病毒易除净，
组动祛二脂^(3.10)　食疗治未病。

实现民康寿　　绿色生活保，
限时工作制　　科学制定好，
适度贫富差　　尽早实现它。

静动均养生　　分寸掌握好，
动主健脏腑　　静主通经络，^(3.11)
婴幼少年期　　育脑保睡觉；

青体渐成熟　　静动兼顾到，
中年拼搏期　　运动保苗条，
老无显短板　　组动促寿高。

如保未做到　　勤思组动道，
操作应容易　　尤适耄年作，
适己就是好　　不唱统一调。

组动治未病　　绝不是瞎说，

医食相结合　　前景更宽阔，

不药医疗学[(3.12)]　厚望待展掘。

健康到天年　　离世一瞬间，

组合运动法　　有望能实现，[(3.13)]

碎时巧利用　　路径无条件；

不要音响伴　　不累能出汗，

传世好炼法　　都可吸为元，

动作有软硬　　适己定快慢；

欲要提效果　　意念少不了，

炼体可全面　　还能保重点，

全面促健康　　重点祛短板。

组动首健肺　　强免第一位，

肾为先天根　　强肾最宝贵，

脾胃后天本　　健康才到位。

甩臂健脏腑　　转头运颈目，

腰扭肢闪动　　筋黏淋腺舞，[(3.14)]

颈肩七部协[(3.15)]　保稳思敏促。

组法力幅度　　瞬间自做主，
梳头击手臂　　利脑指趾舞，^(3.16)
前后8字步　　摩耳常鸣鼓。

前身拍抚摸　　后背捶打磨，
扭颈目常转　　脑耳梳弹搓，
四肢多组动　　全身气血通。

科学常锻炼　　生活习惯好，
地球人健康　　三星运规靠，^(3.17)
违规受惩罚　　应该甚明了。

直路曲线行　　曲径当直走，
转脚扭腰势　　常倚不马虎，
全面重点保　　脏腑同衰老。

组动可不走　　坐卧站转有，
组动非高技　　亦不需演出，
健康到天年　　离世立马走。

组动要健心　　心静不乱奔，
知识勤积累　　行善乐助人，
尊德守法规　　渐做耳顺人。^(3.18)

青年始组动　　不会有脑梗，
除非有遗传　　不得三高病，
科学常组动　　必然无疾终。

组动择时段　　据情定时间，
全身经络通　　身心全舒松，
终前不受罪　　后人不拖累。

氧动促寿高　　历史已沉淀，
组动能康寿　　笔者很乐观，
实践势头好　　推断很自然。

第 4 章　　辅助篇

§4.1　婴幼儿常见的人、物选

爸妈爷奶姨　　舅姑伯叔弟，
公婆姐妹哥　　手脚嘴脸皮，
心肝脾肺肾　　耳喉眼舌鼻。

衣服鞋帽袜　　褥子床单被，
衣架壁吊柜　　桌凳靠背椅，
空调写字台　　色彩纸书笔。

盆铲碗碟勺　　煲炒高压锅，
微波打浆机　　冰箱洗衣机，
粮菜果蛋糖　　油盐醋茶酱。

吃喝拉撒睡　　酸甜苦辣味，
营养色香味　　健康最宝贵，
男女老幼婴　　温馨乐融融。

饺子馄饨面　　包子大米饭，
大饼麻花糕　　胡辣汤花卷，
面包比萨饼　　油饼馍稀饭。

萝卜茄子葱　　腰果落花生，
白菜土豆姜　　菠菜芥蔓菁，
番瓜西红柿　　芹韭雪里蕻。

竹笋豆角藕　　杧果红石榴，
葡萄白兰瓜　　荔枝黑芝麻，
枸杞向日葵　　樱桃哈密瓜。

洋葱辣椒蒜　　苜蓿莴苣荬，
桃李梅桑葚　　西瓜甘蔗甜，
木耳黄花菜　　芝麻棘榆钱。

苹果橙子梨　　柿子柑杏橘，
奇异果橄榄　　香蕉梅荔枝，
核桃板栗菇　　生姜山药薯。

杨槐松柏柳　　梧桐桑枣木，
栀树全身宝　　榨叶养蚕好，
樟木最细密　　家具质地高。

鸡鸭鹅燕鸽　　牛马驴象骡，
猫鼠狈狐狸　　猿猩猴骆驼，
长颈鹿兔羊　　虎豹熊狮狼。

啄木鸟老鹰　　百灵鸟蜜蜂，
麻雀布谷鸟　　喜鹊萤火虫，
鹦鹉学人语　　蝴蝶飞花丛。

蜘蛛忙织网　　蚂蚱日夜鸣，
大雁传书信　　蚯蚓把土松，
蟑螂鼠蚊蝇　　全是害人虫。

电脑电视机　　电话手机通，
耳机收录机　　音响随意听，
望远显微镜　　万物入眼中。

私家车空调　　工作室餐厅，
卧室和客厅　　拖扫擦干净，
阳台和厕所　　也要讲卫生。

单车跷跷板　　云梯滑滑梯，
陀螺滑板车　　钟摆椭圆机，
模型玩具多　　跑跳滚爬飞。

翻墙和攀树　　爬山荡秋千，
传球单脚立　　跳绳走吊环，
老鹰抓小鸡　　脚踩转筒玩。

老鼠偷吃油　　孩子很喜欢，
智谋和灵敏　　都能得锻炼，
猴子想捞月　　仰卧起坐先。

书店玩具摊　　花坛服装店，
商场菜市场　　银行照相馆，
网吧娱乐厅　　旅馆培训班。

幼儿园小学　　公交车摩托，
老师公务员　　警察和保安，
大夫和护士　　司机服务员。

§4.2 与若干反义词和近义词有关的成语和熟语

前后左右齐　　上下左右看，
胖瘦高矮人　　男女老少全，
宽窄长短纸　　生熟稀稠饭。

东西南北中　　喜怒哀乐情，
长短直曲路　　粗细长短绳，
薄厚高低墙　　是非对错明。

阴晴圆缺月　　冷热阴晴天，
轻重缓急事　　起死回生难，
旦夕福祸生　　虚实真假辨。

升降起落准　　生死存亡关，
功过是非议　　有勇无谋蛮，
利弊得失虑　　悲欢离合难！

凶多吉少估　　优劣好坏评，
南来北往飞　　东来西去行，
敌众我寡悬　　厚今薄古醒。

外柔内刚女　　内柔外刚男，
除旧迎新岁　　好坏对错辨，
趋利避害征　　好逸恶劳懒！

肥瘦高低马　　薄厚高低墙，
强弱软硬人　　早出晚归忙，
粗细高低杆　　高低贵贱鉴。

推拉开关门　　男左女右序，
成败利钝析　　铺天盖地巨，
进退得失据　　内紧外松计。

内外夹攻危　　荣辱与共同，
松紧适度好　　哭笑不得控，
德才兼备好　　首尾相连通。

忙里偷闲好　　上行下效必，
夜以继日勤　　出生入死危，
闻名遐迩广　　无中生有非。

先苦后甜好　　内忧外患危，
客随主便敬　　同甘共苦德，
有始有终好　　新陈代谢律。

夙兴夜寐勤　　明辨是非赞，

忙闲不均改　　夜以继日连，

深入浅出讲　　劳逸结合劝。

大事不化小　　好聚好散高，

臭美并非美　　多少并非少，

坏事变好事　　尊老爱幼好。

厚积薄发赞　　弃暗投明迎，

朝令夕改乱　　高低深浅明，

恩怨是非清　　拨乱反正功。

不忘初心坚　　牢记使命严，

一体布局总　　协调推进善，

勇挑重担拼　　砥砺奋进干。

§4.3　与若干诗词、成语、俗语有关的五字歌

时间分秒逝　　年复人增岁，

百川东到海　　何时复西归？

少壮不努力　　老大徒伤悲！

明日复明日　明日何其多，
我如等明日　时间不等我，
一生待明日　我老事未做。

海阔凭鱼跃　天高任鸟飞，
山高望月小　月明看星稀，
老孙天地间　人妖尽看细。

慈母手中线　游子身上衣，
临行密密缝　意恐迟迟归，
谁言寸草心　报得三春晖。

日出众星隐　日落又复游，
白日依山尽　黄河入海流，
欲穷千里目　更上一层楼！

铁杵能磨针　滴水可穿石，
乐极可生悲　蚁穴能溃堤，
塞翁失马事　福祸焉预知？

积少可成多　习惯成自然，
瓜田不纳履　李下不正冠，
脚下崎岖路　百里九十半。

一瓶水不响　半瓶水咣当，
疾风知劲草　雨后有阳光，
一览众山小　凌绝顶会当。

守株待兔傻　负荆请罪赞，
画龙点睛神　功亏一篑憾，
过河拆桥耻　大海捞针难。

画蛇添足愚　缘木求鱼错，
一字千金妙　罄竹难书恶，
无恶不作坏　俯拾皆是多。

一语中的准　心如刀割痛，
笑里藏刀毒　心口如一诚，
行成于思慎　行若无事静。

寻死觅活吓　不偏不倚中，
捷足先登快　按兵不动等，
抱头鼠窜逃　半途而废停。

杯水车薪少　半斤八两平，
草木皆兵怕　纸上谈兵空，
甘拜下风愿　高瞻远瞩领。

背道而驰反　　刻舟求剑呆，
得过且过混　　迷途知返改，
口蜜腹剑险　　不远千里来。

三顾茅庐诚　　三思而行慎，
卧薪尝胆奋　　闻鸡起舞勤，
马首是瞻从　　栩栩如生神。

滥竽充数混　　坐井观天限，
孜孜不倦勤　　指鹿为马骗，
捉襟见肘穷　　百折不挠坚。

一叶障目惑　　黄粱一梦幻，
举棋不定忧　　千钧一发险，
鸡犬不宁扰　　鱼目混珠骗。

弄巧成拙蠢　　以假乱真冒，
临渴挖井迟　　九牛一毛少，
披星戴月辛　　巧夺天工妙。

注释

注1.1：优基指优质大脑、健康身体和好性格、好习惯等基础素质。

注1.2：爱耐童雄辩即爱心、耐心、童心、雄心和马克思主义唯物辩证法。雄心就是要根据孩子具体情况，把孩子培养成社会的有用之才、栋梁之材，甚至领军之才的雄心壮志。这五个字中，"辩"是统帅，统率四心，即统一使用四心，把握适度，使育孩实践不过度，也无不及，确保孩子乐观活泼地快速成长。

注1.3：马辩法，即马克思主义唯物辩证法。

注1.4：高急经常汹，指对孩子要求不适当的高，当孩子做不到或犯错误时心里又着急，经常对孩子严厉批评、惩罚，甚至动粗。

注1.5：性智，指性格和智力。

注1.6：艰险岐陷阔，艰即艰难，行走艰难路；险，危险路；岐，分叉路；陷，有陷阱的路；阔，即宽阔安全路。

注1.7：两宝一规律，"爱耐童雄辩"（见注1.2）这五个字是辩统帅下的统一体，这个辩和辩统帅下的统一体合称为育儿两宝；一规律是指经历史长期检验行之有效的一系列育儿方法所体现的教育规律，例如，重视育儿环境和家风的优化和潜移默化，智慧陪伴，身教重于言教，循序渐进，润物细无声，说到要做到，设法调动孩子的内在积极性和主动性，与孩子约法三章，穷人的

孩子早当家，等等。

注1.8：选优法，指尽可能少地实践，尽快找到育儿的科学方法。

注1.9：客普多，指事物间联系的客观性、普遍性和多样性。

注1.10：六笔，即六种"笔"的缩写，所指的是爱心、耐心、童心、雄心、爱耐童雄辩矛盾统一体和如上所述的教育规律。

注1.11：脑细胞研究，据科学资料，怀孕3~6个月是胎儿脑细胞生长发育的第一阶段，7个月到出生是第二阶段。出生后脑神经细胞不可能增加。第三阶段是出生后1年内，是脑细胞增大的最后一个高峰，此期脑细胞体持续增大，神经胶质细胞体迅速分裂增殖，神经细胞组成整个身体传送信息的神经通道，就像传送电信号的电路一样。

注1.12：左脑主语逻，右脑主形感，这里，语逻指语言和逻据，形感指形象和情感。左脑主要完成语言、逻辑、分析、代数的思考认识和行为，右脑主要负责直观、综合、几何、绘图的思考认识和行为。

注1.13：好景点，这里所说的好景点，是相对于孩子而言的，孩子要有兴趣。当然，这和孩子的年龄有关。例如，有喷泉，有小河，有花草之地，能看到鹦鹉或其他活泼可爱、叫声悦耳动听的小鸟，有石狮子等雕饰品的小区邻居家门口，以及有可供孩子玩的玩具商店门口，游乐场，等等。景点选择可由本小区逐步扩展到邻近小区。

注1.14：闭目脑随波 听完遍游国，是指每天闭着眼睛听天气

预报，预报员说到何地，听者的脑子就随着声音立马想到地图上的相应位置。如果做到了这一点，就相当于听者的脑子里装了全国各省的相对位置以及它们的省会城市和全国其他一些重要城市的相对位置，这是右脑的功能。可见这是培育和训练右脑功能的一种方法。

注1.15：口章多会有 灵感多蹦出，这里"口章"指能脱口说出的好文章，"灵感"指创新型灵感。

注1.16：优脑，这里优包括培育、锻炼、使用、活化等方面的措施要求在内。

注1.17：组动，主要指走路式组合运动法，简称组合运动法或组动法。至于组合，是指在运动过程中的把同一节拍内能完成的各种动作，例如，走路时的手指臂头齿舌喉，甩臂、挺胸、扭腰与侧转体，手指趾、臂肩腰、颈口眼、手腹背等部位的许多动作都尽可能组合起来同时实现或插进来协调实现，这就大大提高了运动效率。当然，随着年龄和体况的变化，力度和速度等也需要做相应的变化，即使在同一年龄段，根据身体状况，运动时间的选择也应该有一定的据需灵活性，重点，全面，瞬间自做主，不累与长期坚持是五个核心要点，要紧紧抓住。

注1.18：左右协配好，再做脑区换，根据左右脑功能的不同和课程内容要求的不同，做到恰当安排要做的事和学习任务，人体虽未休息，却使左右脑和不同脑区得到较好的轮休，以提高学习和工作效率。

注1.19：互尊，指大人对孩子要尊重，孩子对大人要尊敬。

注1.20：控情高爬坡，即提高情感控制力，特指对除哭以外的不良感情的控制力，如悲观、失望、发火、生气等。

注1.21：浅显易，例如，走路靠右手，两点之间以直线最短，不闯红灯，不拿不是自己的任何东西，即使别人有缺点，也要学习其优点，饭要吃饱不撑而菜要吃杂，不贪吃，逐渐学会用嘴和脑吃饭，尊敬师长和尊老爱幼，心不贪等。

注1.22：颐肢气，颐，面部表情；肢，肢体动作；气，说话的语气。

注1.23：内动源，即内动力源，属于精神范畴。是可自动产生某种精神力量的精神动力源。

注1.24：包指检问放，即包揽；指点，指引和指导（含必要的具体帮助）；检查；询问；放手。在孩子成长的长河中，对每一类事，父母用这五个字各主一段时间。由对婴儿所有事的全包开始，依次向后过渡。包揽，指负责将婴儿健康发育成为至少合格的幼儿所需要的一切物质条件和精神条件及其实施，也包括生活能力和其他良好素质的培养和提升；在其过程中（也包括在校学习期间）需要不断地予以指点、指引和指导，有时也需要一些具体的帮助；检查是为了确切了解情况，只做必要的，不要过多，要相信孩子，孩子大了，问一问即可。全放手时间宜适当早。过渡处不是对所有事和程度上的"一刀切"，而是成熟一件过渡一件。过渡也需要时间。完成过渡要立足于积极培养而非消极等待，更非包办不前，这十分有利于孩子快速成长。

注1.25：已榜也尽力，指孩子自己会尽力向名人榜样学习，

使自己也成为榜样。

注1.26：勇忍机，指勇气、忍耐力和灵活机动。

注1.27：寓童故，指通常所说的对孩子适用的寓言、童话和故事。

注1.28：实践，据词典解释，当动词用，是实行（自己的主张）、履行（自己的诺言）之意；当名词用，是人们改造自然和改造社会的有意识的活动之意。据此笔者以为，对婴幼儿和学龄儿童而言，实践应包括感触、感觉、感受、认知、模仿和所有动手脚操作练习等内容在内。所有实践都在当下，因而实践内容并非所指全部，而且所指也和年龄有关。

注1.29：辩两点，见注3.32。

注1.30：安全带，是借用。小孩学走路，民间有人用宽带子套在孩子胸部，大人拉着带子，小孩自己歪歪扭扭地往前走。用此法可使小孩很快学会走路。这里是说要采取一些必要的措施，防止意外或减少不必要的损失，让实践培育、教育孩子，通过实践，获得经教，取得实实在在的进步。

注1.31：奇想联灵捕，即好奇心、想象力、联想力和灵感捕捉力。

注1.32：五心，即自信心、自尊心、责任心、进取心和上进心。进取心和上进心，都有改变自我现状、追求进步的心态之意，但后者侧重由下而上，向上发展，向高精尖发展；前者侧重由近而远，向远发展，向多、丰发展。两种心态都具有，才较为理想。

注2.1：素质代应试，素质，指素质教育；应试，指应试教

育。素质教育代替应试教育应有过渡期才稳妥。

注2.2：谐竞，即和谐竞争。

注2.3：两商，指情商和智商，情商也称情绪智力，主要是指人在情绪、情感、意志、耐受挫折等方面的能力。

注2.4：心加脑，这里的心，是指中医理论下的"心"。

注2.5：核心思品，指与核心价值观相对应的思想和品质。

注2.6：不仅育睿智，还育智慧高，睿智，主指明智通达，看得深远；智慧主指能掌握马辩法，洞察事物发展规律并能取得成功和胜利（供讨论）。

注2.7：四兵一班长，其中四兵指耳、眼、嘴、手；班长指脑的功能和心的部分功能。

注2.8：德智体美践，"德、智、体、美、劳诸方面全面和谐发展的教育"的描述，笔者把其中的"劳"改为"践"（社会实践的缩写，供讨论）是因为"践"不但包括了"劳"，而且，作为一门科学，还应包括恩格斯著名论断"劳动创造了人本身"、毛主席的《实践论》和对人的正确思想是从哪儿来的这个问题的唯一回答："只能从社会实践中来"，以及"社会实践是检验真理的唯一标准"（这是毛主席的原话，笔者以为，这一论断，对人类社会的任一发展阶段，包括由必然王国向自由王国的过渡的所有阶段都是适合的）。此外，"践"还包括与生产劳动相关的各种技术、艺术类表现、演出等活动在内，笔者还认为：毛主席已认为"践"的概念应包括生产斗争、科学实验和阶级斗争的全部活动在内。

注 2.9：奏蹈诵唱演，泛指与生产劳动有关的各种技术和艺术表演活动。

注 2.10：核心价值观，分三类：国家层面、社会层面和公民层面三类，每类四个，共 12 个词 24 个字。国家层面的价值目标：富强、民主、文明、和谐；社会层面的价值取向：自由、平等、公正、法治；公民个人层面的价值准则：爱国、敬业、诚信、友善。建议用联想记忆法：把"富民文明鞋（谐），自评（平等）公正法（法治），爱敬诚信友（友善）"编成自己熟悉易记的故事即可容易记住。

注 2.11：人人都为我，"我"，指人人都为任何一个固定说"我"的人。

注 2.12：人人均为己，"己"，指人人为自己的"己"。

注 2.13：不亏瞌睡虫，这里指对孩子处分时，要适度，不要过度，不做严重影响孩子身心健康的处分。

注 2.14："木桶理论说"，指木桶所装水量，最终是由最低的桶板决定的。

注 2.15：约法三章，根据孩子具体情况，定出一段时间内的约束和目标，大人和孩子共同遵守，做得好者，奖"红旗"一面。没做好的，做反思检讨。严重违反者做适当处罚，成员一律平等。

注 2.16：廿余，泛指二十左右的年龄。

注 2.17：人品好习惯，指人品方面的好习惯，当然，人生中要具有的人品好习惯包含很多，但这里主要指小学期间与学习相关的人品和好习惯，如尊敬师长，助人为乐，关心集体，热爱劳动，紧抓时间不浪费，勤奋好学，课堂积极发言，独立思考，独自完成作业，喜欢读书、思考等，其他的则是打好基础，适时、逐步培养的问题，例如，谦虚谨慎、顽强拼搏等。

注2.18：联想记忆法，是借助谐音、规律、熟事、熟诗、熟歌的曲调等，把该记的东西编成用故事、歌词、诗歌等形式实现记忆的方法。好的方法能实现极好的记忆效果和长时间的记忆。一个具体例子可见注2.10中对核心价值观的记忆法。

注2.19：过电影，是指利用当天的零碎时间，例如，晚上脱衣睡前，把当天老师所讲的知识点在脑中回忆一遍，把不清楚的地方记下来，第二天早晨挤时间把不清楚处搞明白，这是锻炼右脑和提高记忆力的好方法之一。

注2.20：综素，指综合素质。

注2.21：德智体才践，五能全面抓，即德育、智育、体育、才育、践育方面的知识和能力，都要抓好，缺一不可。才即才能，下起谋生、工匠之才能，上至获得顶级奖项之才能，凡是社会需要的一切正能量才能都包括在内，当然也包括创造外在美的能力（内在美的美育可包括在德育之内）。践育即实践的教育，关于这一问题的讨论可参见注2.8。

注2.22：五性，指系统性、逻辑性、理论性、实践性、综合性。

注2.23：点和线，点，指知识点，它含一般知识点、重要知识点（在此即重点）和关键点三种；线，指关系线，凡两个知识

点之间，如果没有任何关系，则不用线连接，如有关系，但尚说不清是何关系，则用一线连接；如果有明确的关系，则可用箭头和所学符号把关系表达出来（此时两个知识点的内容是明确的）。注意，几何上，点有大小之分，线有粗细之别，利用这些，可区分级别，再加上箭头和其他一些记号可把知识（点）之间的具体关系也表示出来。

注2.24：知联图，是图中所有知识点之间的相互联系图，具有客观性和直观性。

注2.25：联络图，是供制图者和知识联系时使用的工具图，具有实用性和简洁性，知联图和联络图二者可基本相同，仅供自己使用，但自己一定要做到切实明白。

注2.26：推证，指推导和证明出所要结论。

注2.27：三观，指世界观、人生观、价值观。

注2.28：硬功，这里主要指专业知识和技能以及身体健康条件等。

注2.29：软功，这里主要指精神因素，如三观、道德、品质、意志、兴趣以及人际关系等。

注2.30：寄懒愚，即寄生虫、懒虫和愚昧无知者。

注2.31："风物放眼量"是"风物长宜放眼量"的缩写。

注2.32：冷看，这里是指不要仅从数值上看所考得的分数，而且须从所考知识点以及与之有关联的其他知识的关联性掌握上，冷静地考察自己的分数。这是自己看待自己分数的冷静态度，对推动自己的学习进步较为有利。通常，分数的微小差异，并不能

完全准确反映对知识的实际掌握情况，分数的高低也未必完全准确反应自己对所学知识的掌握情况。

注2.33：德智体才践，缺一难发展，这里指德智体才践五个方面的科学知识和实践能力，具体所指，因人而异。在当前的竞争社会里，这五个方面，哪一方面较为欠缺都会影响自己的竞争力。

注2.34：核指，指起核心指导作用的理论。

注2.35：读书如爬梯，苏联著名文学家高尔基说："书籍是人类进步的阶梯"，故有是说。

注3.1：最好结婚夜，应排除不幸被强奸的事，且不应计较。

注3.2：两制两不违，两制，指家长负责制和民主集中制，家长由家人推举，或一人主（管）外（通常由男性担当），一人主内（通常由女性担当），如换人须及时上报；两不违，指家规不能违背国家制定的所有现行法律，道德不违背社会公德。

注3.3：育儿，这里育儿既包括生育，也包括培育。是家庭应尽的义务和责任，应有法律明确。

注3.4：穷孩早当家，即熟语"穷人的孩子早当家"的缩写。这里"早"是结果，不是开始。

注3.5：谐竞促共赢，指和谐竞争，促进共赢。

注3.6：惯思，指惯常思维，它是偏离辩证思维，仅用已习惯了的思维方式、经验和结论，解释和认识现实社会和家庭发生的事物的一种思维方式。这是一种不与时俱进的思维模式。

注3.7：三度，即角度、适度和温度。在说话、做事时，要

讲角度和适度，如其中含有人际关系时，还须讲温度。所谓角度即方向；所谓温度即适当的感情表现；所谓适度，即选用之"力"应使所得结果位于大、小临界值之间的合理范围内，据当前情况和既有经教，并参考他人经教，选择恰当之力。所用之力小于小临界值，不起作用；大于大临界值，则得不到所要结果。

注3.8：人生七段走，指：第一段抱着走，第二段学着走，第三段牵着走，第四段跟着走，第五段导着走，第六段独立走，第七段护着走（包含坐在轮椅上，或必须采取某种保护性措施)。

注3.9：核创领世界 他人不依靠，指在具有世界领先水平的核心创新系统中均有完备的自主知识产权，没有任何一件依赖于外国，受他国制约。

注3.10：组动祛二脂，组动，见注1.17；二脂，指内脂和外脂，所谓内脂即血液中所含脂肪和血管内壁沉淀以及内脏表面堆积的脂肪，外脂指皮下脂肪，据中医理论，冗余均为毒。

注3.11：静主通经络，此处的静指体静、心平、气和的统一状态。它不受七情（是指喜、怒、忧、思、悲、恐、惊的感情表现或心理运动）六欲（是指人的眼、耳、鼻、舌、身、意的生理需求或愿望）的干扰，用一定的姿势站坐，也可用某种适度的动作配合以达到要求部位经络畅通的目的。

注3.12：不药医疗学，指不服用任何药物的医疗科学，如食疗、理疗、针灸、瑜伽等。是药三分毒，应该牢记住。

注3.13：健康到天年 离世一瞬间，组合运动法 有望能实现，这里"一瞬间"是夸张说法，意指时间很短。这一命题严格说法

是：在国家保大安（空气质量、饮食安全、医药质量等）条件下，全面、重点（短板）和瞬间自做主三个本质属性均做得精准到位，身体所需营养不缺，又注意心理卫生和食物卫生者，如果从中青年起长期坚持组合运动，几乎都能达到"健康到天年 结束一瞬间"（如有某种遗传性疾病会导致生活不能自理的偏瘫，须及时采取措施预防，例如从青年开始就坚持组合运动）这一目标。"几乎"二字只具有不排除天灾人祸所导致的个别例外的可能性。

注3.14：腰扭肢闪动 筋黏淋腺舞，筋指筋骨皮肉；黏，即身体内的黏膜组织，与人体皮肤相对可称为内皮肤，其作用是防止从口鼻进入人体的异物进入血液；淋，即全身淋巴系统，腺，即全身腺体。全句是说做相关运动时，要从总体上带动全身筋骨皮肉、黏膜组织、淋巴系统和腺体运动。

注3.15：七部协，指身体的头、颈、肩、臂、腰、腿和脚七个部位动作协调配合。

注3.16：梳头击手臂 利脑指趾舞，这里的"击"包括用手面拍打和手指尖点击。梳头中的梳，据情，在下有头盖骨部位和耳部四周临近处，可用所说的击代替。指趾舞，即指舞和趾舞，前者指十手指不停地做各种直弯、拍打、互夹和互对等动作，后者指在走路过程中，双脚趾可有意做石头（五趾尽量由伸直到收紧再到伸直的反复动作）、剪刀（拇趾尽量上翘，食趾下压且与拇趾尽量分开，其他顺其自然）、布（五趾尽量散开）等动作，根据中医经络理论，这些动作对健脑、健体都有好的作用。

146

注 3.17：三星，即太阳、地球和月亮。

注 3.18：耳顺，本是指孔子对自己 60 岁时所达到人生状态的自我评价，有人解释说孔子 60 岁时，能听懂别人隐含于言辞之内的微妙意思，以及言辞之外尚未说出的深意。也有人说是指孔子没有不顺耳之事，能听得进逆耳之言，詈骂之声也无所谓，无所违碍于心。作者利用这一词表示新时代的人应该逐步达到没有不顺耳之事，能以法德为准，自觉实现自己的责任担当。

本五言诗

2012-3-20 始于广州

2014-3-24 完成初稿

2021-8 完成修改后定稿。